Con DESTINO a la comunicación

ORAL AND WRITTEN EXPRESSION IN SPANISH

Paul Michael Chandler
University of Hawai'i at Manoa

Rafael Gómez
Monterey Institute of International Studies

Constance Kihyet
Saddleback College

Michael Sharron
Assumption College

Boston   Burr Ridge, IL   Dubuque, IA   Madison, WI   New York   San Francisco   St. Louis
Bangkok   Bogotá   Caracas   Lisbon   London   Madrid
Mexico City   Milan   New Delhi   Seoul   Singapore   Sydney   Taipei   Toronto

McGraw-Hill

A Division of The **McGraw·Hill** Companies

This is an ⟨FBI⟩ book.

Con destino a la comunicación
Oral and Written Expression in Spanish

1 2 3 4 5 6 7 8 9 0 DOC DOC 9 0 0 9 8 7

ISBN 0-07-059330-2

Editorial director: Thalia Dorwick
Sponsoring editor: William R. Glass
Development editor: Scott Tinetti
Marketing manager: Cristene Burr
Project manager: Sharla Volkersz
Production supervisor: Rich DeVitto
Designer: Lorna Lo

Cover designer: Vargas/Williams Design
Art editor: Nicole Widmyer
Editorial assistant: Christine Kmet
Compositor: York Graphic Services, Inc.
Typeface: Bembo
Printer: R. R. Donnelly & Sons

Grateful acknowledgment is made for use of the following:

Readings: *Page 11* "Cuando me enseñó su fotografía" by Marjorie Agonsín, in *Circles of Madness: Mothers of the Plaza de Mayo.* Copyright 1992. Reprinted with permission of White Pine Press, 10 Village Square, Fredonia, NY 14063, USA; *24* "Balada de los dos abuelos" by Nicolás Guillén, *Obra Poética* (Havana: Editorial de Arte y Literatura); *38* Abridged from "El sustituto" by Leopoldo Alas, from *Spanish Stories/Cuentos españoles*, edited by Ángel Flores (Mineola, N.Y.: Dover, 1987); *51* Reprinted with permission of the heirs of Juan Ramón Jiménez; *62* © Pablo Neruda and Fundación Pablo Neruda; *76* "El encaje roto" by Emilia Pardo Bazán from *Cuentos completos* (La Coruña, Spain: Fundación Pedro Barrie de la Maza Conde de Fenasa); *89* Reprinted with permission of Gabriel Guerra Castellanos; *102* "Cubanita descubanizada" by Gustavo Pérez Firmat from *Bilingual Blues* (Tempe, Ariz.: Bilingual Press, Arizona State University); *113* From "Mujeres de ojos grandes" by Angeles Mastreeta from *Mujeres de ojos grandes* (Buenos Aires: Planeta); *126* From *Cuando era puertorriqueña* by Esmeralda Santiago. Copyright © 1994 by Esmeralda Santiago. Reprinted by permission of Vintage Books, a Division of Random House; *138* Copyright 1995 by Maria Kodama, reprinted with the permission of The Wylie Agency, Inc.; *148* Excerpt from "Cajas de cartón" from *Bilingual Review*, January–August 1977. © by Francisco Jiménez. Reprinted by permission of the author; *160* Reprinted from *En el país de las maravillas*, © 1982 by Luz María Umpierre-Herrera, by permission of Third Woman Press, Berkeley, Calif.; *173* "Baby H.P." by Juan José Arreola from *Confabulario* (Mexico, D.F.: Editorial Joaquín Mortíz); *183* "Apocalipsis" by Marco Denevi from *Cuentos y microcuentos* (Buenos Aires: Ediciones Corregidor).
Realia *Page 8* © Quino/Quipos; *21* © Quino/Quipos; *34* Quo; *48* Quo; *60* © Quino/Quipos; *72* Quo; *86* Geomundo; *110* Quo; *122* © Quino/Quipos; *134* Quo; *144* © Quino/Quipos; *156* Tú; *171* Quo; *180* © Quino/Quipos.

Library of Congress Catalog Card No.: 97-076471

http://www.mhhe.com

tabla de materias

prefacio

Con destino a la comunicación: What is it?

A mysterious letter. A lost love. A missing child. The death of a colleague. Romance. Travel. Legal entanglement. Sound interesting? These are just some of the subplots found in *Nuevos Destinos*, the video that accompanies *Con destino a la comunicación*. This engaging video-based textbook and workbook combination provides an innovative format for students to develop proficiency in oral and written expression in Spanish. In *Con destino a la comunicación*, you and your students will meet Raquel Rodríguez and Lucía Hinojosa, two lawyers working for the Castillo family of Mexico. Read on for some background information!

Flashback Five Years Ago: Five years ago, the aging Mexican industrialist Fernando Castillo hired Raquel Rodríguez—a skilled lawyer—to investigate a case involving claims made about his past in Spain. After accepting the case, Raquel traveled to Spain where she began her search for a woman who had written a letter to don Fernando, a letter that prompted him to reveal to his family a secret that he had kept for more than 50 years. What was the secret? And what effect would it have on him and his family at this point in his life? Thus began the adventure for Raquel, whose investigative skills ultimately led her to Spain, Argentina, Puerto Rico, and Mexico, in search of the truth. Of course, along the way there were also some intriguing developments in her personal life…

This journey was the basis for the highly successful *Destinos* Spanish series, which premiered in 1992. This 52-episode series with accompanying print materials has since introduced thousands of students of Spanish to a unique language learning experience rich in cultural diversity and compelling human stories. In fact, viewers have become so involved with the story of Raquel and the Castillo family that they wonder what has happened to these characters in the meantime.

Flashforward to the Present: After solving the Castillo family mystery, Raquel returned to her law practice in Los Angeles. Five years have now passed, during which Raquel has had little contact with the Castillos. This changes, however, when she receives a letter from Ramón Castillo, the son of don Fernando. Ramón has written to inform Raquel of the death of his uncle Pedro, brother of don Fernando. Lucía Hinojosa, a young lawyer from Mexico, has been hired to handle the estate. Ramón has requested that Raquel assist Lucía in any way that she can. Gladly offering her services, Raquel looks forward to meeting Lucía.

So begins another adventure for Raquel Rodríguez, the adventure of *Nuevos Destinos*. In this new four-hour video series, Raquel and Lucía endeavor to unravel numerous legal complications involving the Castillo family and the family estate, La Gavia. Important to the new case, however, are details from Raquel's original adventure. Thus, as the new mystery is resolved, students also see a summarized version of the original *Destinos* story and learn what has happened to many of the original characters.

Con destino a la comunicación: The Print Materials

Comprised of 15 chapters that correspond to the 15 video episodes, *Con destino a la comunicación* and its companion text *The Student Manual to accompany* **Con destino a la comunicación** serve to develop intermediate and advanced level students' oral and written expression in Spanish through numerous engaging tasks. Helpful communicative strategies, writing tips, and grammar notes provide students the necessary tools for successful completion of the activities. The Textbook concentrates on the development of oral skills, while the Student Manual focuses on the development of written skills. The result is an exciting set of intermediate to advanced level Spanish conversation and composition materials that is uniquely supported by the *Nuevos Destinos* video.

The Textbook

- Each chapter-opening page provides a brief summary of the video storyline, from which the chapter theme is extracted. Engaging questions set the stage for the topics that students will be exploring in the chapter.
- *El vídeo* contains pre- and post-viewing video activities that focus on the storyline of the *Nuevos Destinos* video.
- In *Vocabulario del tema,* the theme vocabulary for the chapter is presented. The focused practice activities that follow often include unique listening-based *Del guión* activities. Often based on dialogue from the video, these activities allow students to examine how characters interact with each other, how they address each other, what tone and register they use, and so on.
- In *Enfoque oral,* students, working with a partner or in groups, complete a multi-step oral task that allows further exploration of the chapter theme. Activity types include debates, interviews, role-playing, and oral presentations.
- The brief *Nota cultural* feature found in each chapter presents interesting cultural information about the Spanish-speaking world, with a heavy focus on communication. Topics include such things as greetings, forms of address when writing letters, nonverbal communication, and the Internet.
- The *Para comentar* feature promotes class discussion based on engaging and thought-provoking pieces of realia from around the Spanish-speaking world.
- Each chapter also contains a *Lectura.* These authentic literary selections, supported by pre- and post-

reading activities, are also presented on the audio program that accompanies *Con destino a la comunicación.*

- Each chapter ends with *Composición,* a culminating writing activity that ties together the chapter theme and vocabulary presented in the chapter.
- Also sprinkled throughout each chapter are *Estrategia comunicativa* sidebar features that provide helpful communication strategies for students. Additionally, *¡Ojo!* sidebars offer brief grammar notes that students will find helpful when completing the chapter's activities.

The Student Manual

- Chapters begin with *El vídeo,* a set of activities (both written and listening-based) that assess students' comprehension of the storyline at a deeper level than that found in the Textbook.
- *Vocabulario del tema* offers additional practice of the theme vocabulary from the Textbook.
- In *Mi cuaderno,* students will complete various writing assignments, such as the creation of descriptive paragraphs, short biographical narratives, letters, and so on.
- The *Para comentar* section further explores the general theme of communication through authentic ads, cartoons, and so on. This realia-based section also includes a short activity.
- *Entre Ud. y yo* is a recurring free-writing feature in which students establish a written dialogue with their instructor to discuss any topic that interests them.
- *Exploremos la lengua* is a brief grammar review section that focuses on a single grammar point in each chapter, followed by focused practice activities. The grammar points of focus include *ser/estar,* preterite/imperfect, double object pronouns, the subjunctive, and others.
- *Y por fin* is a theme-based final writing task found in each chapter. Here students will also have an opportunity to focus on a specific writing strategy, presented in the accompanying *Para escribir mejor* box. Strategies include writing an outline, identifying your audience, using a peer review process, writ-

ing a conclusion, and others. These writing strategies also support the ***Composición*** found in the Text-book.

Multimedia: *Nuevos Destinos* Video, CD-ROM, and Website

Video

This is Raquel Rodríguez, a Mexican-American lawyer from Los Angeles, California. Five years ago, Raquel investigated a case for the wealthy Castillo family of Mexico. Now, another case involving the Castillo family has arisen, one that is puzzling right up to the very end.

This is Lucía Hinojosa, a lawyer from Mexico City. Lucía, the executor of the Castillo estate, has been asked to consult Raquel about the original investigation carried out five years ago. Her task is to solve the current mystery surrounding the Castillo family.

The engaging four-hour video that provides the foundation for the *Con destino a la comunicación* materials is comprised of 15 episodes, each approximately 15 minutes in length. This manageable length allows instructors to show the episodes in class if they desire or have time. Other instructors may decide to assign the viewing of the video as an out-of-class lab assignment. Either decision is compatible with the pedagogy of *Con destino a la comunicación*.

In each episode, students will watch the story unfold between Raquel and Lucía as they investigate the current legal mystery surrounding the Castillo family. There will also be numerous flashback scenes from the original *Destinos* series as Raquel recounts that investigation to Lucía.

CD-ROM

An optional CD-ROM accompanies the *Con destino a la comunicación* materials. This 15-lesson CD provides an interactive task-based language learning experience, in which students serve as Raquel's assistant in her law office. In each lesson, as students complete various tasks, they gather additional information about the video story. They also learn interesting extra details about the characters and the story, details that can be found only in the CD-ROM.

The tasks that students complete include: reading letters written by video characters, newspapers articles about their lives, and other documents; receiving and  making phone calls; organizing note cards and photo albums; and receiving and sending faxes and e-mail messages. These real-world tasks provide students with exciting opportunities to further review grammar and vocabulary and develop their four skills in Spanish, but in an engaging, purposeful fashion.

Nuevos Destinos on the Web

Beginning in early 1998, students and instructors will be able to access the McGraw-Hill Higher Education intermediate Spanish website. The site will contain additional materials and information about the *Nuevos Destinos* video series and characters. It can be found at ***www.spanish.mhhe.com.***

Other Supplementary Materials

- The *Audiocassette Program* contains listening comprehension material found in both the Textbook and Student Manual. Many of the listening passages are from the *Nuevos Destinos* video. The **Lecturas** in the Textbook are also read on the tapes.

- The *Instructor's Manual, Tapescript, and Videoscript* offers general teaching guidelines for using the *Nuevos Destinos* video and CD-ROM, as well as guidelines for using the print materials and suggestions for syllabi and testing. Included in this supplement are the Tapescript for the Student Manual and a complete Videoscript of the *Nuevos Destinos* video.

- The *Picture File* contains 50 color photos of key characters and scenes taken from the original *Destinos* and the *Nuevos Destinos* videos.

- The *Instructor's Guide to the CD-ROM* contains a more detailed explanation of the contents of the CD-ROM, as well as suggestions for using the CD-ROM.

Acknowledgments

The suggestions, advice, and work of the following friends and colleagues are gratefully acknowledged by the authors.

- Dr. Bill VanPatten (University of Illinois, Urbana-Champaign), whose creative work on the original *Destinos* provided the foundation and inspiration for *Con destino a la comunicación* and *Nuevos Destinos*.

- Dr. Robert Blake (University of California, Davis), whose role as Chief Academic Consultant on the video and CD-ROM set a standard of creativity and excellence for the entire *Nuevos Destinos* project.

- Ana María Pérez-Gironés (Wesleyan University), whose video scripts for *Nuevos Destinos* provided the exciting continuation of the *Destinos* storyline and, by extension, the foundation for these materials. Her work is also seen in the CD-ROM, as she cowrote those materials.

- Susan Giráldez, for her work on the CD-ROM.

- María Sabló-Yates, for her work on the *Nota cultural* sections.

- Laura Chastain (El Salvador) and Isidra Mencos (Spain), whose invaluable contributions to the text have contributed to its linguistic and cultural authenticity.

- Theodore Sicker (WGBH), whose role as executive producer and project director for the video and CD-ROM is evident in the high production quality seen in those products.

- Erin Delaney and Christina Ragazzi (WGBH), for their roles in providing video and CD-ROM materials for publication in this book.

- Members of the Annenberg/CPG Project and WGBH Advisory Board, for their valuable input and comments on all phases of this project:

  - ★ Dr. Deborah Baldini (University of Missouri, St. Louis)
  - ★ Dr. Ray Elliott (University of Texas, Arlington)
  - ★ Dr. Otmar Foelsche (Dartmouth College)
  - ★ Dr. Sharon Foerster (University of Texas, Austin)
  - ★ Dr. John Underwood (Western Washington University)
  - ★ Dr. Barbara Welder (Bee County Community College)
  - ★ Dr. Philippa Brown Yen (Cleveland State College)

In addition, the publishers wish to acknowledge the suggestions received from the following instructors and professional friends across the country. The appearance of their names in this list does not necessarily constitute their endorsement of the text or its methodology.

- An Chung Cheng, The University of Southern Mississippi

- Dorothy Marbán, College of Charleston

- Darci L. Strother, California State University at San Marcos

- Frances M. Sweeney, Saint Mary's College

Many individuals at McGraw-Hill deserve our thanks and appreciation for their help and support: Karen Judd and the McGraw-Hill production group, especially Rich DeVitto and Sharla Volkersz, who efficiently and skillfully managed all phases of the production process; Francis Owens and Lorna Lo, for the elegant yet simple design of the book; Nicole Widmyer, who wonderfully coordinated the art program; and Cristene Burr and Margaret Metz, for their eager and continuous support in the marketing of *Con destino a la comunicación* and the rest of the *Nuevos Destinos* materials.

The author team would also like to extend special thanks to the following individuals: our publisher, Thalia Dorwick, for her initial and continuous support and encouragement of this project; William R. Glass, whose patience and guidance helped to shape the overall structure and content of the book; and Scott Tinetti, for his wonderfully detailed developmental editing work and for helping to smoothly guide the project from manuscript to final publication.

P. M. Chandler
R. Gómez
C. Kihyet
M. Sharron

December 1997

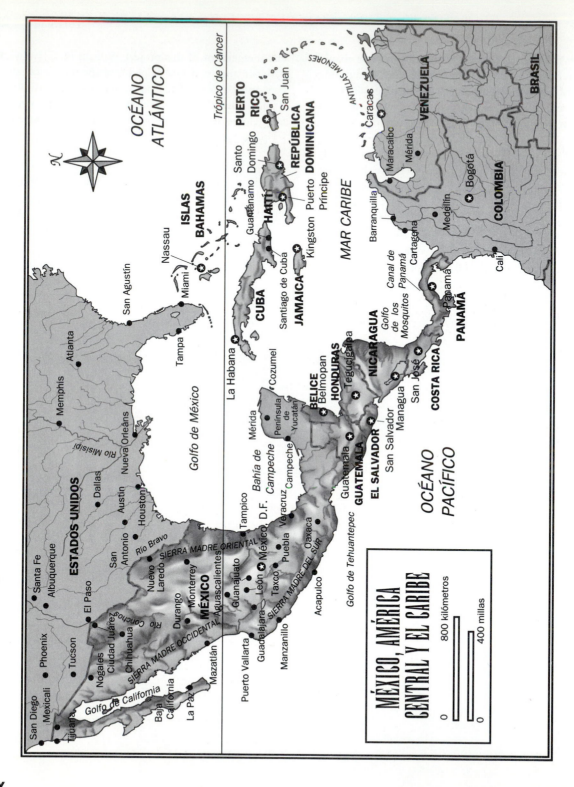

MÉXICO, AMÉRICA CENTRAL Y EL CARIBE

MAR CARIBE

OCÉANO
ATLÁNTICO

Maracaibo
Barranquilla
PANAMÁ
Caracas
GUAYANA
VENEZUELA
Georgetown
Panamá
Medellín
Paramaribo
Cayena
Río Orinoco
Bogotá
SURINAME
GUAYANA FRANCESA
Cali
COLOMBIA
Quito
Ecuador
Río Amazonas
ECUADOR
Belém
Guayaquil
Manaus
PERÚ
CORDILLERA DE LOS ANDES
BRASIL
Recife
Cuzco
Lima
La Paz
Arequipa
Brasília
BOLIVIA
Sucre
PARAGUAY
Antofagasta
Río de Janeiro
Trópico de Capricornio
Asunción
CHILE
San Miguel
de Tucumán
São Paulo
OCÉANO
PACÍFICO
La Serena
Córdoba
Rosario
OCÉANO
ATLÁNTICO
Valparaíso
URUGUAY
Santiago
ARGENTINA
Concepción
Buenos Aires
Montevideo
Río de la Plata
Bahía Blanca
Puerto Montt
Bariloche
Chiloé

Islas Malvinas

AMÉRICA DEL SUR

0   1500 kilómetros

0   1000 millas

Estrecho de Magallanes
Punta Arenas
Tierra del Fuego

Cabo de Hornos

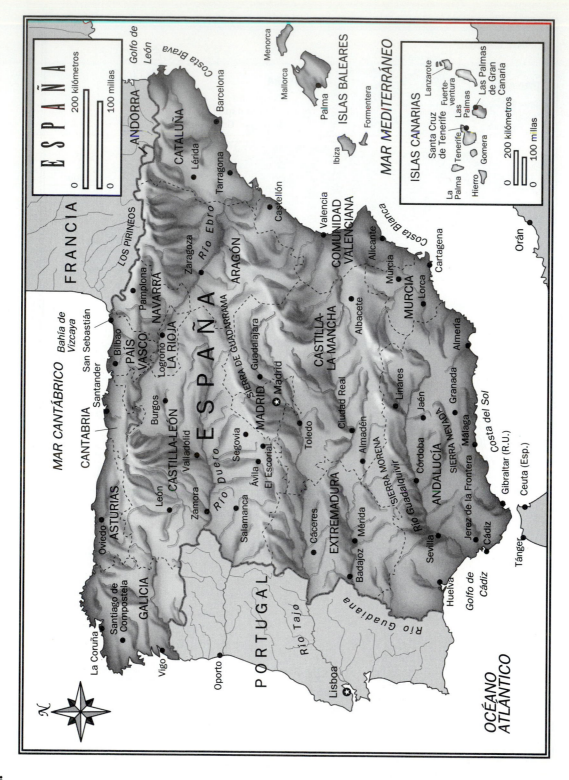

ESPAÑA

OCÉANO
ATLÁNTICO

MAR CANTÁBRICO

Bahía de Vizcaya

FRANCIA

Golfo de León

Costa Brava

ANDORRA

LOS PIRINEOS

CATALUÑA

Barcelona

Lérida

Tarragona

Castellón

Valencia

COMUNIDAD VALENCIANA

Alicante

Costa Blanca

Orán

Cartagena

MAR MEDITERRÁNEO

Menorca

Mallorca

Palma

ISLAS BALEARES

Formentera

Ibiza

ISLAS CANARIAS

Lanzarote

Fuerte-ventura

Las Palmas

Las Palmas de Gran Canaria

Santa Cruz de Tenerife

Tenerife

La Palma

Gomera

Hierro

CANTABRIA

San Sebastián

Santander

PAÍS VASCO

Bilbao

Logroño

NAVARRA

Pamplona

LA RIOJA

Zaragoza

Río Ebro

ARAGÓN

Burgos

SIERRA DE GUADARRAMA

Valladolid

CASTILLA-LEÓN

Guadalajara

MADRID

Madrid

El Escorial

ASTURIAS

Oviedo

León

Zamora

Río Duero

Segovia

Ávila

Salamanca

GALICIA

La Coruña

Santiago de Compostela

Vigo

PORTUGAL

Oporto

Lisboa

Río Tajo

EXTREMADURA

Cáceres

Mérida

Badajoz

Río Guadiana

CASTILLA-LA MANCHA

Toledo

Ciudad Real

Almadén

Linares

Albacete

MURCIA

Murcia

Lorca

Almería

Costa del Sol

Granada

SIERRA NEVADA

Jaén

Córdoba

SIERRA MORENA

Río Guadalquivir

ANDALUCÍA

Sevilla

Huelva

Golfo de Cádiz

Cádiz

Jerez de la Frontera

Málaga

Gibraltar (R.U.)

Ceuta (Esp.)

Tánger

200 kilómetros

100 millas

0

0

200 kilómetros

100 millas

0

0

N

xvi

introducción

A continuación hay algunas escenas de *Nuevos Destinos*. ¿Quiénes son esas personas? ¿Qué importancia tienen en la historia de *Nuevos Destinos*? Y en la siguiente página aparece una carta de Raquel Rodríguez. ¡Léela y prepárate para entrar en un nuevo mundo de aventuras y misterios!

Madrid, España: Episodio 4

Buenos Aires, Argentina: Episodio 5

San Juan, Puerto Rico: Episodio 9

El campo en México: Episodio 11

La hacienda La Gavia, México: Episodio 14

GOODMAN POTTER & MARTINEZ

11759 Wilshire Boulevard
Los Angeles, CA 90025
Telephone: (310) 555-3201 Fax: (310) 555-1212

Queridos estudiantes:

Me llamo Raquel Rodríguez y vivo en Los Ángeles, California. Soy abogada y trabajo en la firma de Goodman, Potter & Martínez .

Hace cinco años, trabajé en un caso muy interesante para la familia Castillo. Resulta que un señor mexicano, quien se llamaba Fernando Castillo Saavedra, había recibido una carta con unas noticias sorprendentes e inquietantes. Don Fernando consideró que era muy importante para él y para su familia verificar si la información en la carta era cierta o no. Su hermano, Pedro, era abogado, pero como ya no era joven, no quiso hacer él mismo la investigación. Pedro admiraba mis habilidades como investigadora y me pidió que yo hiciera ese trabajo. Nunca me imaginé que esa investigación iba a ser tan complicada y que me llevaría a tantos lugares... ¡y que me traería tantas sorpresas también!

En las próximas semanas ustedes van a descubrir el secreto de esa carta. También van a conocer a la familia Castillo y a otros personajes interesantes. Han pasado muchas cosas desde que trabajé en ese caso. Todavía mantengo contacto con algunos miembros de la familia, pero no los he visto recientemente porque tengo mucho trabajo aquí en Los Ángeles.

Me gusta que ustedes quieran estudiar el español. Yo estoy muy orgullosa de mi herencia cultural, y siempre me da gusto saber que otras personas tienen interés en nuestro idioma y en nuestra cultura. Espero que disfruten de sus estudios y les deseo mucha suerte.

Cordialmente,

Raquel Rodríguez

Raquel Rodríguez y Lucía Hinojosa se conocen en la oficina de Raquel en Los Ángeles.

A CONOCERNOS

¡Bienvenidos!

En este capítulo vas a conocer a tu profesor(a) y a tus compañeros de clase. También vas a repasar varias maneras de saludar y despedirse de otros, según la situación social. Mira la foto que acompaña la primera página de este capítulo. ¿Cómo se saludan Raquel y Lucía? ¿Cómo se saludan tú y tus amigos?

También vas a conocer a algunos de los personajes del vídeo *Nuevos Destinos:* sus personalidades y su comportamiento social. ¿Qué te gustaría saber de ellos? ¿Y qué te gustaría saber de tus compañeros de clase?

¿Cómo se empieza una conversación con un amigo / una amiga? ¿con una persona a quien te gustaría conocer mejor? ¿con una persona desconocida en la calle? ¿Cómo se despide uno de alguien que va a ver dentro de poco tiempo? ¿de alguien que no va a ver por mucho tiempo? ¿de alguien a quien tal vez uno no vaya a ver nunca más? Como en otros aspectos de la vida, el contexto social dicta nuestro comportamiento en cuanto a los saludos y las despedidas.

3

El vídeo

El vídeo

Prepárate para ver el vídeo

Actividad A. Predicciones sobre el Episodio 1

Paso 1. En el primer episodio, vas a conocer a Raquel Rodríguez en un momento de crisis. Va a recibir una carta de un señor mexicano, Ramón Castillo. A continuación hay un fragmento de esta carta.

Estimada Raquel:

Lamento tener que informarle de la muerte de mi tío Pedro. Ha sido algo inesperado que nos ha dejado a todos profundamente consternados. Como Ud. bien sabe, Pedro no sólo era muy unido a todos nosotros, sino que también era el principal asesor de nuestra familia.

Una joven abogada de la filial de México, D.F., Lucía Hinojosa Dávila, ha sido nombrada albacea de Pedro y del resto de los asuntos testamentarios de mi padre. Le agradecería enormemente si Ud. pudiera dedicarle algún tiempo a la licenciada Hinojosa en los próximos días para informarle de los asuntos de mi padre y de la historia de su primera esposa.

Espero que Ud. esté bien de salud, y le agradezco de antemano su valiosa ayuda.

Un cordial saludo,

Ramón Castillo
Ramón Castillo

En el Episodio 1 del CD-ROM que acompaña *Nuevos Destinos,* hay una variedad de actividades relacionadas con el Episodio 1 del vídeo.

Paso 2. En grupos de tres estudiantes, hagan tres predicciones sobre el episodio y los personajes mencionados en el fragmento de la carta: ¿Quiénes son estas personas? ¿Qué profesiones ejercen? ¿Son parientes? ¿Cuál es la relación entre ellos? Basándose en el fragmento de la carta, ¿qué va a ser el tema principal del Episodio 1?

Actividad B. La carta de Ramón

Paso 1. Escoge la palabra o frase que mejor completa cada oración a continuación.

1. La carta que Ramón escribió es...
   a. formal   **b.** informal
2. Pedro Castillo...
   a. ya murió   **b.** vive en México

3. Lucía es...
   a. pariente de los Castillo **b.** abogada en México, D.F.
4. La persona que va a llevar los asuntos del testamento (*will*) del padre de Ramón es...
   a. Raquel Rodríguez **b.** Lucía Hinojosa

Paso 2. Con un compañero / una compañera, comparen sus respuestas. Si hay diferencias de opinión, busquen citas (*quotes*) de la carta de Ramón para justificar sus respuestas.

Después de ver el vídeo

Actividad A. Confirmaciones

Paso 1. Ahora vuelve a las dos actividades en Prepárate para ver el vídeo. ¿Acertaste en (*Did you get right*) todas las predicciones?

Paso 2. Compara tus predicciones con las de un compañero / una compañera con quien no has trabajado todavía. ¿Les quedan algunas dudas sobre la trama (*plot*) del episodio? Si hay dudas, háganse preguntas para saber todos los detalles del episodio.

Actividad B. ¿Tienes buena memoria?

Paso 1. ¿A quién se refiere cada una de las siguientes oraciones?

> Fernando Castillo, Pedro Castillo, Ramón Castillo, Lucía Hinojosa, Raquel Rodríguez, Teresa Suárez, Rosario del Valle

1. Se fue a vivir a México después de la Guerra Civil española.
2. Le escribió una carta a don Fernando.
3. Acaba de morir.
4. Es la abogada albacea (*executor*) de Pedro y don Fernando.
5. Escribe: «Lamento tener que informarle de la muerte de mi tío Pedro.»
6. Dice: «Acepté la proposición encantada, pues yo tenía ganas de viajar.»
7. Ella no murió en la guerra.

Paso 2. Con un compañero / una compañera, comprueben sus respuestas.

Vocabulario del tema

Vocabulario del tema

¡A conocernos!

Saludos y despedidas

¿En qué situaciones se usan las siguientes expresiones? ¿Cuáles de ellas se usan en situaciones formales e informales?

Buenos días. / Hola. / ¿Qué tal?

Adiós. / Nos vemos.

¿Cómo está Ud.? / ¿Cómo estás?

¿Cómo se llama Ud.? / ¿Cómo te llamas?

abrazar to hug
besar (la mejilla) to kiss (one's cheek)
conocer (zc) to meet; to know
dar (*irreg.*) la mano to shake hands
despedirse (i, i) (de) to say good-bye (to)
dirigirse a (alguien) to address (someone)
saludar to greet

Otras expresiones útiles

echar de menos to miss (*someone*)
trabar amistades to make friends

¿Bueno? Hello? (*telephone greeting in Mexico*)

¡OJO!

Las acciones recíprocas

Con frecuencia se emplea un pronombre reflexivo para expresar acciones recíprocas que dos o más personas se hacen mutuamente.

Raquel y Lucía **se** conocen en Los Ángeles.
Raquel and Lucía meet (each other) in Los Ángeles.

Nos vemos mañana.
We'll be seeing each other tomorrow.

Actividad A.   Del guión: ¿Formal o informal?

Paso 1. Como ya sabes, en español hay dos maneras básicas de dirigirse a otros: **usted (Ud.)**, que se usa en contextos formales, y **tú**, usado en situaciones informales. Escucha la siguiente conversación telefónica entre Raquel y Lucía. ¿Cómo se dirigen las dos? ¿Es formal o informal su conversación? ¿Por qué crees que es así?

Paso 2. Vuelve a escuchar la conversación y escribe una lista de todas las formas verbales que indican el tono formal o informal de su conversación.

Paso 3. Con un compañero / una compañera, comparen su lista de formas verbales y comenten la conversación. ¿Es similar a una típica conversación telefónica en inglés? Expliquen sus opiniones.

Paso 4. (Optativo) Con tu compañero/a, vuelvan a escribir la conversación entre Raquel y Lucía usando el tono opuesto. Es decir, si su conversación es formal, vuelvan a escribirla en tono informal, y vice versa. Presenten la conversación a la clase.

Nota cultural

¿Formal o informal?

En el idioma español, la comunicación entre personas tiene niveles de formalidad que no existen, en igual grado, en inglés. (Antes sí existían en inglés, pero hace siglos que ha desaparecido esta formalidad.)

Como sabes, el pronombre **usted** se usa para tratar con respeto a las personas mayores, a las personas que están en posiciones de autoridad o que llevan un título (como **señor[a], don/doña o profesor[a]**). **Usted** también se usa para dirigirse a las personas que no conocemos bien o a las que acabamos de conocer. El nivel de formalidad varía de país en país y de situación en situación. Por ejemplo, en algunas familias es posible que los hijos traten de usted a sus padres o parientes mayores. Es interesante notar que, en algunos casos, los hijos también usan apodos[a] cariñosos con estos parientes: «Se lo traigo en seguida, *mami*» o «Le gustaría otra taza de café, *abuelito*?». Por otro lado, también se puede usar un tono formal con personas a quienes se conocen por el nombre de pila.[b] Por ejemplo, un profesor o una profesora podría decir, «*Rodolfo,* **pase** al tablero,[c] por favor.»

El pronombre tú se usa con los niños o personas menores de edad, entre amigos y parientes, entre personas que han llegado a un acuerdo de tutearse (tratarse de tú) o con las mascotas.[d] Se considera muy descortés usar el tuteo en situaciones que normalmente requieren el uso de usted. ¿Cómo se evitan las malas impresiones y los malentendidos?[e] Por lo general, es mejor tratar a alguien de usted al principio y esperar hasta que esa persona sugiera tutearse.

---

[a]*nicknames* [b]nombre... *first (given) name* [c]*pizarra* [d]*pets* [e]*misunderstandings*

Actividad B. Saludos

Paso 1. Escucha las siguientes conversaciones e indica si cada una es formal o informal.

1. formal   informal   **3.** formal   informal
2. formal   informal   **4.** formal   informal

Paso 2. Con un compañero / una compañera, comparen sus respuestas. Si hay diferencias de opinión, justifiquen sus razones.

Actividad C. ¿Qué se hace?

En el mundo hispánico, hay varias maneras de saludar a otras personas. Dos amigos/as o parientes pueden besarse la mejilla (un beso en la mayoría de los países de habla española, dos besos en España), darse la mano o abrazarse. Claro, depende del contexto social y las relaciones entre las dos personas.

Paso 1. Con un compañero / una compañera, hagan una lista de por lo menos dos contextos apropiados para cada una de las maneras de saludarse que se mencionaron arriba.

Paso 2. Ahora representen en forma dramática una de las situaciones de su lista. El resto de la clase tiene que adivinar el contexto que se representa en cada situación.

Para comentar

La niña de la siguiente tira cómica (*comic strip*) es Mafalda, creación del argentino Quino. Ella ve el mundo de una manera muy distinta. Con perspicacia (*insight*) e ironía, se pregunta a sí misma y les hace preguntas a los demás sobre el porqué de las cosas e instituciones del mundo moderno. Con un compañero / una compañera, miren la siguiente tira de Mafalda y contesten las preguntas a continuación.

1. Cuando uno conoce a alguien por primera vez, ¿cuáles son algunas de las preguntas que no se le deben hacer a esa persona?
2. ¿Hay algunas preguntas que nunca se les deben hacer ni siquiera a los buenos amigos? ¿Cuáles son?
3. ¿Cómo se sienten Uds. cuando alguien les hace una pregunta indiscreta? ¿Se sienten nerviosos/as? ¿incómodos/as? ¿Se enojan?

---

[a]*taxes*

Las presentaciones

A continuación hay una breve conversación en la que unas personas se conocen. Las oraciones te pueden servir a la hora de presentar a alguien.

TÚ: Te quiero presentar (Quiero presentarte) a Julie. Julie, éste es Max.

MAX: Hola, Julie. Mucho gusto en conocerte.

JULIE: Encantada. (Igualmente.)

A propósito: ¿cómo sería esta conversación si las personas se trataran de **Ud.**?

Actividad D. Despedidas

Paso 1. En grupos de dos o tres estudiantes, hagan una lista de todas las expresiones en español que conocen para despedirse de otra persona. Luego, comparen su lista con la de otro grupo. ¿Hay algunas expresiones que quieran añadir a su lista?

Paso 2. Entre los del grupo, expliquen en qué contextos sociales se deben usar las expresiones que han apuntado en su lista.

Paso 3. (Optativo) Representen en forma dramática algunas conversaciones breves en las que usan expresiones de despedida. El resto de la clase tiene que adivinar el contexto que se representa en sus diálogos.

Actividad E. ¡A conocernos!

Paso 1. En grupos de tres estudiantes, preparen una lista de por lo menos tres preguntas que pueden usar para conocer mejor a otros estudiantes de la clase. Pueden hacer preguntas sobre los estudios, la familia, el trabajo, los pasatiempos, etcétera.

MODELO: ¿De dónde es tu familia?

Paso 2. Ahora, reúnanse con otro grupo. Cada miembro de su grupo debe entrevistar a un miembro del otro. Traten de averiguar por lo menos tres cosas sobre cada una de las personas que entrevistan. Luego, unos voluntarios deben presentar a algunos de los compañeros de clase que han conocido hoy.

MODELO: Ésta es Miriam. Es de San Diego y estudia biología...

Paso 3. ¿Quién es el profesor / la profesora? Con el mismo grupo del Paso 1 y usando algunas de las mismas preguntas de su lista, háganle preguntas a su profesor(a) para conocerlo/la mejor.

Enfoque oral

Enfoque oral

Actividad. ¿Cómo son tus compañeros de clase?

En este capítulo, has investigado el tema de cómo nos dirigimos unos a otros y en qué contextos son apropiados ciertos saludos y despedidas. También has comenzado a conocer a tus compañeros de clase. En esta actividad, vas a tener la oportunidad de conocer mejor a todos tus compañeros de clase.

Paso 1. Prepara una lista de por lo menos siete preguntas para conocer mejor a un compañero / una compañera de clase.

Paso 2. Entrevista a un compañero / una compañera *a quien no conoces todavía,* usando tu lista de preguntas. No te olvides de saludar a tu compañero/a de una manera apropiada. Al terminar la entrevista, dale las gracias y despídete de él/ella, también de una manera apropiada.

Paso 3. Escribe un breve párrafo sobre tu compañero/a, basado en la información que sacaste en el Paso 2. Luego, presenta tu párrafo a la clase.

Paso 4. (Optativo) ¿Cuánto recuerdan Uds.? Unos voluntarios deben intentar recontar la información que acaban de oír. ¿Captaron muchos detalles sobre sus compañeros de clase?

Lectura

El poema «Cuando me enseñó su fotografía», escrito por la poeta chilena Marjorie Agosín, proviene de una colección bilingüe de poemas titulada *Círculo de locura: Las madres de la Plaza de Mayo (Circle of Madness: The Mothers of the Plaza de Mayo*), publicada en 1992. Los poemas de la colección se centran en las familias de los argentinos desaparecidos durante la dictadura militar de los años 60, 70 y 80 del siglo XX. Agosín es muy conocida por su poesía y cuentos en versiones bilingües (aunque es de nacionalidad chilena, nació en los Estados Unidos). También es muy conocida por su colaboración en la película *Threads of Hope,* obra que recibió el Premio Peabody en 1993. Actualmente, Agosín es profesora de literatura latinoamericana en Wellesley College en Massachusetts.

Algunas de las obras de Agosín demuestran su gran sentido del humor, mientras que otras se enfrentan con la realidad atroz de las dictaduras latinoamericanas a mediados del siglo XX. El poema que vas a leer incluye una descripción parcial, pero efectiva, de una joven argentina, una de las miles de personas desaparecidas durante los años de dictadura militar.

Antes de leer

Actividad A. Descripciones

Paso 1. Piensa en una persona de tu familia a quien quieres mucho. ¿Qué información incluirías para describir a él/ella? Haz una lista del tipo de información que querrías incluir en tu descripción como, por ejemplo, el aspecto físico, las cualidades de personalidad que posee esa persona, qué carrera estudia o ejerce, sus preferencias personales, etcétera.

Paso 2. Ahora completa tu lista con detalles específicos para las categorías que escogiste.

> MODELO: el aspecto físico de Molly: de estatura mediana, morena, delgada, bonita...

Actividad B. Una foto vale mil palabras (Optativo)

Paso 1. Trae a clase una foto de un pariente o un amigo / una amiga en la que esa persona se ve participando en algo específico, como una fiesta, un partido deportivo, etcétera.

Paso 2. Con un compañero / una compañera, intercambien sus fotos. Cada uno/a de Uds. debe escribir en un breve párrafo lo que cree que está pasando en la foto de su compañero/a.

Paso 3. Lee la descripción de tu compañero/a. ¿Crees que su descripción refleja lo que realmente ocurre en la foto? ¿Qué otros detalles podrías añadir a la descripción para mejorarla?

Cuando me enseñó su fotografía

Cuando me enseñó su fotografía
me dijo
ésta es mi hija
aún no llega a casa
5   hace diez años que no llega
pero ésta es su fotografía
¿Es muy linda no es cierto?
es una estudiante de filosofía
y aquí está cuando tenía
10   catorce años
e hizo su primera
comunión
almidonada,ª sagrada
ésta es mi hija
15   es tan bella
todos los días converso con ella
ya nunca llega tarde a casa, yo por eso la reprochoᵇ
mucho menos
pero la quiero tantísimo

ªstarched   ᵇla... I scold her

20 ésta es mi hija
todas las noches me despido de ella
la beso
y me cuesta no llorar[c]
aunque sé que no llegará
25 tarde a casa
porque tú sabes, hace años que
no regresa a casa
yo quiero mucho a esta foto
la miro todos los días
30 me parece ayer cuando
era un angelito de plumas[d] en mis manos
y aquí está toda hecha una dama[e]
una estudiante de filosofía
una desaparecida
35 pero ¿no es cierto que es tan linda,
que tiene un rostro[f] de ángel,
que parece que estuviera viva?

---

[c]me... *I try not to cry*   [d]*feathers*   [e]toda... *all grown up*   [f]cara

Después de leer

Actividad A.   ¿Quién describe a la joven?

Paso 1. En los primeros dos versos la poeta indica que está transmitiendo las palabras de otra persona. ¿Quién es esa persona que habla?

Paso 2. El poema termina con una pregunta. Léela y da una posible razón por la cual el poema termina de ese modo. ¿Y por qué crees que termina precisamente con esa pregunta?

Paso 3. (Optativo) Para saber más sobre los desaparecidos, unos voluntarios de la clase pueden ver y hacer un informe sobre la película *Threads of Hope*, un documental en el que Marjorie Agosín trabajó como consejera.

Actividad B.   Las emociones

Paso 1. Vuelve a leer el poema. ¿Qué emociones despierta en ti el poema? Apúntalas.

Paso 2. Compara las emociones que apuntaste con las del resto de la clase. ¿Cuáles fueron las emociones predominantes?

Paso 3. (Optativo) Vuelve a tu descripción de la foto en la Actividad B de Antes de leer. Úsala como base para escribir un breve poema sobre las emociones que la foto despierta en ti.

Composición

Actividad. ¿Quién eres tú?

En esta actividad, vas a escribir una composición en la que describes el tipo de persona que eres, a base de las personas y los momentos más importantes de tu vida.

Paso 1. Primero, haz una lista de las personas y los momentos más importantes de tu vida. Aquí hay algunas ideas: parientes, amigos, ceremonias o fiestas, casas, escuelas, trabajos, años específicos, ciudades, etcétera. ¿A cuántas personas y cuántos momentos piensas incluir en tu descripción?

Paso 2. Para tu composición, debes limitarte a una sola etapa de tu vida, la que te parece más interesante y significativa. Una vez escogida esa etapa, ¿puedes añadir más detalles a tu lista del Paso 1?

Paso 3. Ahora, determina cómo vas a organizar tu información. ¿La vas a organizar en forma cronológica? ¿según la importancia de los acontecimientos? ¿según tus relaciones con las personas de la lista?

Paso 4. Escribe un párrafo sobre esa etapa importante de tu vida para que tu profesor(a) te conozca mejor. No te olvides de añadir ejemplos y detalles interesantes a tu descripción y de ponerle un título interesante.

dos

En esta foto se ve a algunos miembros de la familia Castillo. ¿Es única esta familia? ¿Cómo es tu familia? ¿Qué tiene de especial? Y tú, ¿qué talento o característica tienes que te hace único/a o especial?

LA FAMILIA

¿Qué nos hace únicos?

En el capítulo anterior, conociste al fallecido don Fernando Castillo, uno de los personajes principales de *Nuevos Destinos.* Te enteraste de algunos detalles de su vida: era industrial, rico y viudo, vivía en México y tenía una familia bastante grande. También supiste que tenía un gran secreto —uno que había guardado por muchos años y que nunca había mencionado a nadie. Este último detalle es una de las cosas que lo hace único en la historia de *Nuevos Destinos.*

¿Cómo somos? ¿Qué es lo que nos hace únicos a nosotros? ¿En qué sentido somos especiales? En este capítulo vas a investigar estos temas, examinando a los personajes de *Nuevos Destinos* como punto de partida, hasta llegar a conocernos a nosotros mismos más a fondo.

En el Episodio 2 del CD-ROM que acompaña *Nuevos Destinos,* hay una variedad de actividades relacionadas con el Episodio 2 del vídeo.

El vídeo

Prepárate para ver el vídeo

Actividad A. El episodio anterior

Paso 1. ¿Te acuerdas de lo que pasó en el episodio anterior? A continuación se presentan algunos nombres y acontecimientos clave que te pueden refrescar la memoria. Con un compañero / una compañera, comenten el episodio anterior y apunten algunos detalles importantes relacionados con estos acontecimientos y personas.

Raquel Rodríguez   Rosario del Valle
Lucía Hinojosa   la Guerra Civil española
don Fernando Castillo

Paso 2. Compartan sus comentarios con la clase para verificar su información.

Actividad B. En busca de detalles

Paso 1. En este episodio, Lucía se va a reunir con Raquel para comentar el caso de la familia Castillo. ¿Qué necesita saber de esa familia? En grupos de cuatro estudiantes, hagan una lista de por lo menos tres preguntas que Lucía le puede hacer a Raquel para avanzar su investigación.

Paso 2. Comparen sus preguntas con las de otro grupo. ¿Coinciden en algunas ideas?

Paso 3. Cada grupo debe presentar una pregunta a la clase y explicar por qué es importante que Lucía sepa esa información.

Actividad C. Vocabulario del episodio

Paso 1. Las siguientes palabras te pueden ayudar a comprender mejor el Episodio 2. ¿Ya las conoces? Con un compañero / una compañera, escriban definiciones o descripciones de ellas.

el bombardeo   la herencia
el codicilo   el orfanato
la hacienda   el testamento

Paso 2. (Optativo) Unos voluntarios deben leer sus definiciones en voz alta o escribirlas en la pizarra. Entre todos, comenten las definiciones y hagan sugerencias para mejorarlas.

Después de ver el vídeo

Actividad A. ¿A quién se refiere?

Paso 1. Basándote en el Episodio 2, indica a quién se refiere cada descripción a continuación. **¡OJO!** Se puede usar los nombres más de una vez en algunos casos.

Carlos, Fernando, Juan, Mercedes, Pedro, Ramón

1. Era abogado.
2. Está casado con Consuelo, con quien tiene una hija, Maricarmen.
3. Es profesor de literatura en Nueva York.
4. Dejó una parte de la herencia a la familia en Puerto Rico.
5. Era un tío especial para todos los hermanos Castillo.
6. Es el hijo mayor de don Fernando.
7. Es viuda. Siempre fue un sueño suyo tener un orfanato en La Gavia.
8. Su esposa también es profesora.
9. Conocía el trabajo investigativo de Raquel. Hace cinco años, la contrató para una investigación.
10. Está casado con Gloria y tienen dos hijos, Juanita y Carlitos.

Paso 2. Confirma tus respuestas con un compañero / una compañera. Luego, utilicen la información del Paso 1, además de otros detalles del episodio, para hacer una lista de todo lo que Uds. saben de cada uno de los seis miembros de la familia Castillo mencionados en el Paso 1.

Paso 3. (Optativo) Organicen su información en forma de una lista para escribir una minibiografía de la familia Castillo.

MODELO: Pedro: es el hermano de Fernando, nació en España, es menor que don Fernando, es un tío especial, es un abogado de buena fama

Actividad B. El árbol genealógico de los Castillo

Paso 1. ¿Se acuerdan bien de la familia Castillo? En grupos de tres estudiantes, completen el árbol genealógico de la familia Castillo que se presenta en la siguiente página.

Paso 2. Ahora preparen cinco oraciones incompletas sobre el parentesco de los miembros de la familia Castillo. Intercambien sus oraciones con otro grupo para luego completarlas.

MODELO: Don Fernando es _____ de Juanita y Carlitos.

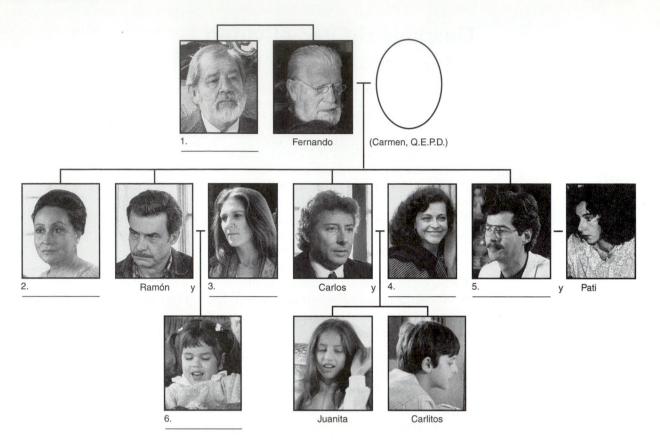

1. _____

Fernando

(Carmen, Q.E.P.D.)

2. _____   Ramón   y   3. _____   Carlos   y   4. _____   5. _____   y   Pati

6. _____   Juanita   Carlitos

Actividad C. Raquel y Lucía se conocen

Paso 1. En el Episodio 2, Raquel y Lucía se conocen cara a cara por primera vez. ¿Qué tienen en común? ¿Cómo son diferentes? ¿Qué las hace únicas? Con un compañero / una compañera, apunten cinco detalles para describir a cada mujer. Pueden incluir su descripción física, edad, profesión, etcétera.

Paso 2. Unos voluntarios deben leer un detalle de su lista a los demás compañeros de clase, pero sin identificar de quién hablan. El resto de la clase debe adivinar a quién se refiere cada detalle. ¿Hay algunos detalles que se les pueden aplicar a las dos mujeres?

Paso 3. (Optativo) Con tu compañero/a, escriban una breve biografía en la que comparan a las dos mujeres. Pueden incluir todo lo que han averiguado durante la discusión en clase. Luego, presenten su biografía a la clase.

Actividad D. Del guión: Las diferencias culturales

Paso 1. Además de contar una historia, el vídeo también revela algunas diferencias entre las culturas hispánicas y la estadounidense. Escucha la conversación que capta el primer encuentro entre Raquel y Lucía.

Paso 2. Ahora contesta las siguientes preguntas basadas en la conversación del Paso 1.

1. ¿Cómo recibió Raquel a Lucía cuando entró en su oficina?
2. ¿Se hablaron de una manera formal o informal? ¿Cómo lo sabes?
3. ¿Empezaron de inmediato a hablar de asuntos relacionados con la familia Castillo? ¿De qué hablaron?
4. ¿Qué diferencias culturales captaste a través de este encuentro? (Piensa en el tema de su conversación.)
5. ¿Cómo crees que difiere esta conversación entre dos profesionales hispánicas de una conversación entre dos profesionales estadounidenses? En tu opinión, ¿cómo se debe empezar una reunión formal o de negocios?

Vocabulario del tema

Vocabulario del tema

La familia

Algunos miembros de la familia

el/la bisabuelo/a great-grandfather/grandmother
el/la bisnieto/a great-grandson/granddaughter
el/la cuñado/a brother-in-law/sister-in-law
el/la hermanastro/a stepbrother/stepsister
el/la hijastro/a stepson/stepdaughter
la madrastra stepmother
el/la medio/a hermano/a half brother / half sister
la nuera daughter-in-law
el padrastro stepfather
el/la suegro/a father-in-law/mother-in-law
el/la tatarabuelo/a great-great grandfather/grandmother
el yerno son-in-law

El estado civil

casado/a married
soltero/a single
viudo/a widowed
Cognados: divorciado/a, separado/a

casarse (con) to get married (to)
Cognado: divorciarse (de)

Vocabulario de expansión

los gemelos twins
el/la huérfano/a orphan
los padres adoptivos adoptive parents

¡OJO!

Algo sobre la concordancia de los adjetivos

Es de notar que Raquel se identifica como mexicoamericana. Fíjate que en las palabras combinadas referentes a la etnia (*ethnicity*), la concordancia se mantiene sólo en la última sílaba: Raquel es mexi-c**o**america**na**.

Actividad A. Parentescos famosos

Paso 1. ¿Piensa en tres parentescos famosos y en algunos detalles de cada una de esas personas.

> MODELO: Earl y Tiger Woods (padre e hijo)→
> Earl Woods: ex soldado, afroamericano, ¿ ?
> Tiger Woods: jugador de golf, afroamericano, asiático, ¿ ?

Paso 2. Ahora descríbele a un compañero / una compañera esas personas famosas y el parentesco que hay entre ellos *sin decir quiénes son*. Tu compañero/a tiene que adivinar los nombres de esas personas.

> MODELO: E1: Este hombre es un ex soldado afroamericano. Se casó con una mujer tailandesa. Le enseñó a su hijo a jugar al golf desde que éste era niño. Ahora este hijo es muy famoso y rico...
> E2: ¿Son Earl y Tiger Woods?
> E1: ¡Sí!

Nota cultural

Los gestos[a] físicos en la comunicación

La comunicación verbal casi siempre va acompañada de gestos físicos para enfatizar o hacer hincapié en[b] lo que decimos. A continuación hay algunos ejemplos de esto en el mundo hispánico.

En los países de habla española, las personas tienden a acercarse cuando se hablan, aún cuando no se conocen bien. Es normal que los hombres se den la mano al encontrarse y despedirse, y tampoco es nada extraño que se abracen fuertemente y que se den palmadas en la espalda.[c] Las mujeres suelen besarse en las mejillas al encontrarse e ir asidas[d] del brazo cuando pasean.

A pesar de la formalidad expresada en el uso de *usted* y *tú*, el contacto físico es algo típico de la comunicación en el mundo hispánico. En los Estados Unidos, sin embargo, estas muestras de cariño no son tan comunes. La gente estadounidense se mantiene más a distancia porque no se considera apropiado invadir el «espacio personal» de otros.

---

[a]*gestures*   [b]hacer... *to stress, emphasize*   [c]palmadas... *backslaps*   [d]tomadas

Actividad B. La familia de tu compañero/a

Paso 1. Haz una lista de seis o siete preguntas sobre la familia para hacerle a un compañero / una compañera de clase. Puedes incluir preguntas sobre el número y tipo de parientes que tiene, qué hacen esos parientes, si tiene (o tenía en el pasado) algún pariente famoso, etcétera.

Paso 2. Con un compañero / una compañera, entrevístense usando las preguntas de su lista. Los/Las dos deben averiguar todo lo que puedan sobre la otra persona y sobre la familia de él/ella.

Paso 3. Ahora, comparte con la clase el detalle más fascinante que has aprendido sobre la familia de tu compañero/a.

Paso 4. (Optativo) Hazle preguntas semejantes a las del Paso 1 a tu profesor(a) para conocerlo/la mejor. ¡A ver si él/ella les revela a Uds. algún detalle muy interesante!

Para comentar

En la siguiente tira cómica de Mafalda, ella le hace una pregunta a un árbol torcido (*twisted*) y desfigurado. Con un compañero / una compañera, miren la tira y contesten las preguntas a continuación.

1. Si se supone que el árbol con quien habla Mafalda es un «árbol genealógico», ¿cuál es el chiste representado en esta tira?
2. ¿Conocen Uds. a familias en las que unos de sus miembros son muy distintos de los demás? ¿Cómo son esas personas?
3. ¿Cómo se sienten Uds. en las reuniones familiares? ¿Se sienten cómodos/as o se sienten como el árbol de Mafalda? Comenten la última reunión familiar a la que Uds. asistieron.

Enfoque oral

Enfoque oral

Actividad. ¿Qué te hace único/a?

En este capítulo, te has enterado de algunos datos de la familia Castillo, la familia de Raquel y Lucía y hasta la de algunos compañeros (¡y tal vez la del profesor / de la profesora!). También has pensado en lo que nos hace únicos a todos. Como es de saber, todo ser humano es único de alguna manera. En esta actividad, vas a descubrir lo que te hace único/a a ti y, en el proceso, descubrir lo que les hace únicos a tus compañeros de clase.

Paso 1. En el capítulo anterior, hiciste una lista de las personas y los momentos más significativos de tu vida. Pensando en un tema semejante, haz una lista de las habilidades y las características que tú posees que te hacen único/a. Como punto de partida, piensa en lo que te gusta hacer en tu tiempo libre. ¿Eres deportista? ¿músico? ¿actor/actriz? ¿bailarín/bailarina? ¿Ayudas de alguna manera a los menos afortunados? ¿Eres un(a) estudiante excelente? ¿Te han otorgado (*awarded*) algo públicamente por algo que haces o que hiciste? ¿Posees algún talento especial o único/a?

Paso 2. Con un compañero / una compañera, entrevístense para saber cuáles son las características más sobresalientes que Uds. tienen. Cada uno/a puede usar su propia lista del Paso 1 como base para hacerle preguntas a su compañero/a. Cuando encuentres algo de tu compañero/a que a ti te parece muy interesante, hazle preguntas para saber más detalles sobre esa cualidad, habilidad, aptitud, etcétera. No te olvides de tomar apuntes sobre lo que tu compañero/a te cuenta.

Paso 3. ¿Qué es lo que lo/la hace único/a a tu compañero/a? Escribe tus ideas en forma de bosquejo (*outline*) o párrafo. Luego, comparte esa información con el resto de la clase.

Paso 4. Ahora, ¿cuántos datos interesantes sabes de tus compañeros de clase? ¿Es una clase de genios? ¿de personas con mucho talento artístico? ¿de personas que abundan en la caridad? ¿O son todos distintos a su propia manera?

Lectura

Lectura

El gran poeta cubano, Nicolás Guillén (1902–1989), como muchos intelectuales cubanos del siglo XX, se vio obligado a vivir en el exilio por mucho tiempo. Residió en México, España y varios países de Sudamérica, estableciéndose finalmente en París. En 1959, después de la Revolución cubana, Guillén pudo volver a su país. Sus poemas dan expresión a las dos raíces de la cultura cubana, la española y la africana, de manera que Guillén llamó su poesía «mulata» por su doble parentesco. Su poesía tiene una fuerte matiz musical, sugiriendo los ritmos y la vitalidad de la música afrocubana. También muestra el profundo compromiso social de Guillén. El poema «Balada de los dos abuelos» no es ninguna excepción. En el poema, Guillén escribe de sus dos abuelos, el negro y el blanco, con afección y respeto.

Antes de leer

Actividad A. La influencia de los abuelos

Paso 1. En grupos de tres o cuatro estudiantes, hagan una lista de los varios papeles que desempeñan los abuelos en la familia contemporánea.

Paso 2. Ahora hagan una lista de los papeles que desempeñaban los abuelos en la familia antes de 1940.

Paso 3. Escriban las dos listas en la pizarra. Apunten los papeles sugeridos por los otros grupos que Uds. no pusieron en su lista.

Paso 4. Entre todos, comenten los cambios que Uds. notan en los papeles que desempeñaban antes los abuelos en la familia y los que tienen ahora. ¿Han cambiado mucho los papeles o han mantenido cierta estabilidad?

Actividad B. La mezcla de razas

Paso 1. Como Uds. saben, Nicolás Guillén nació en Cuba en 1902. Uno de sus abuelos era de ascendencia africana y el otro de ascendencia española. Hagan entre todos una lista en la pizarra de los posibles temas en «Balada de los dos abuelos».

Paso 2. Guarden la lista para luego verificar cuáles de esos temas realmente aparecen en el poema.

¡OJO!

¿Ser o estar?

Para hablar del estado civil de alguien, se emplean **ser** y **estar** en las siguientes situaciones.

Soy
soltero/a.
viudo/a.

Estoy
divorciado/a.
separado/a.

Sin embargo, se oye tanto **ser** como **estar** cuando se habla de las personas casadas. Por lo general, depende del uso gramatical de la palabra **casado/a**.

adjetivo: **Estoy** casado/a.
sustantivo: **Soy** casado/a.

Balada de los dos abuelos

Sombras que sólo yo veo,
me escoltan^a mis dos abuelos.
Lanza con punta de hueso,^b
tambor de cuero y madera:
5   mi abuelo negro.
Gorguera^c en el cuello ancho,^d
gris armadura^e guerrera:
mi abuelo blanco.
África de selvas húmedas
10   y de gordos gongos^f sordos...
—¡Me muero!
(Dice mi abuelo negro.)
Aguaprieta^g de caimanes,^h
verdes mañanas de cocos...
15   —¡Me canso!
(Dice mi abuelo blanco.)
Oh velas de amargo viento,
galeón ardiendo en oro...ⁱ
—¡Me muero!
20   (Dice mi abuelo negro.)
¡Oh costas de cuello virgen
engañadas de abalorios...^j
—¡Me canso!
(Dice mi abuelo blanco.)
25   ¡Oh puro sol repujado^k
preso en el aro^l del trópico;
oh luna redonda y limpia
sobre el sueño de los monos!

¡Qué de barcos, qué de barcos!
30   ¡Qué de negros, qué de negros!

¡Qué largo fulgor^m de cañas!
¡Qué látigoⁿ el del negrero!
Piedra de llanto^o y de sangre,
venas y ojos entreabiertos,

---

^ame... me acompañan ^bpunta... *spearhead made of bone* ^c*Ruffled collar* ^dcuello... *wide neck*
^e*armor* ^finstrumento musical usado para llamar ^gAgua oscurecida ^h*alligators* ⁱardiendo... *glitter-
ing with gold* ^jengañadas... *deceived with rosary beads* ^k*embossed* ^l*ring* ^mresplandor, brillo
ⁿ*whip* ^oel acto de mucho llorar

35 y madrugadas vacías,
y atardeceres de ingenio,^P
y una gran voz, fuerte voz
despedazando el silencio.

¡Qué de barcos, qué de barcos!
40 ¡Qué de negros, qué de negros!

Sombras que sólo yo veo,
me escoltan mis dos abuelos.
Don Federico me grita,
y Taita Facundo calla;
45 los dos en la noche sueñan,
y andan, andan.
Yo los junto.
　　—¡Federico!
¡Facundo! Los dos se abrazan.
50 Los dos suspiran. Los dos
las fuertes cabezas alzan;^q
los dos del mismo tamaño,
bajo las estrellas altas;
los dos del mismo tamaño,
55 ansia negra y ansia blanca;
los dos del mismo tamaño,
gritan, sueñan, lloran, cantan.
Sueñan, lloran, cantan.
Lloran, cantan.
60 ¡Cantan!

---

^Patardeceres... *dusks at the sugar plantation*　　^qlevantan

Después de leer

Actividad A.　«Yo los junto»

Paso 1. Dibuja rápidamente el árbol genealógico de tu familia. Incluye por lo menos a tus abuelos.

Paso 2. ¿A cuáles de tus antepasados «juntas» tú? Con un compañero / una compañera, entrevístense para determinar de quiénes han heredado las siguientes características:

las creencias	las pasiones	el sentido del humor
la estatura	la personalidad	¿ ?
la inteligencia	los rasgos de la cara	

Actividad B. Te toca a ti

Paso 1. En el poema, Guillén establece relaciones, descripciones e influencias entre él y sus dos abuelos. Escoge a dos miembros de tu familia de quienes has heredado ciertas características y escribe un breve poema (de diez a veinte versos) en el que describes las relaciones y características que compartes con ellos y cómo han influido en ti estos parientes.

Paso 2. Intercambia tu poema con un compañero / una compañera. Explíquense lo que quieren expresar y ayúdense a encontrar las palabras apropiadas. Al terminar, vuelvan a escribir los poemas, incorporando los cambios sugeridos, y entréguenselos al profesor / a la profesora.

Paso 3. (Optativo) Hagan un concurso de poesía en la clase para escoger los mejores poemas entre Uds.

Composición

Composición

Actividad. Hispanos famosos

En *Nuevos Destinos,* has aprendido mucho sobre la vida y la familia de don Fernando Castillo: la trágica historia de amor entre él y Rosario, su emigración a México y nuevo comienzo y el éxito subsiguiente en un país que no era suyo. Estos datos forman parte de una rica historia personal que lo hace único a don Fernando. En esta actividad, vas a escribir una composición sobre un hispano / una hispana que te parece muy interesante y que tiene cualidades sobresalientes que lo/la hacen único/a.

Paso 1. A continuación hay una lista de hispanos famosos. ¿A cuántos de ellos conoces? ¿Sobre cuáles te gustaría saber más? Puedes escoger a uno de ellos, pero no es necesario que te limites a los nombres en la lista.

Isabel Allende	Miguel Induráin
Simón Bolívar	la Malinche
Isabel la Católica	Evita Perón
Miguel de Cervantes	Tito Puente
Henry Cisneros	Linda Ronstadt
Sandra Cisneros	Arantxa Sánchez Vicario
Hernán Cortés	Jon Secada
César Chávez	Pancho Villa
Gabriel García Márquez	Emiliano Zapata

Paso 2. Haz una lista de datos que quieres averiguar sobre la persona que escogiste como, por ejemplo, profesión, familia, nacionalidad, intereses, momento decisivo en su vida, etcétera. Luego, busca toda la información que puedas sobre ese individuo. Puedes consultar revistas, periódicos, libros u otras fuentes de información, incluso el Internet. Debes tener en mente (*keep in mind*) que será muy importante encontrar datos sobre lo que la hace única a esa persona.

Paso 3. Haz un bosquejo en el que organizas toda la información que has recopilado sobre ese individuo e intercambia bosquejos con un compañero / una compañera de clase. ¿Queda clara toda la información que vas a incluir sobre ese individuo? Si no, tu compañero/a debe hacerte preguntas acerca del bosquejo para que aclares algunos puntos.

Paso 4. Ahora escribe tu composición, prestando atención a los tiempos verbales, el uso del vocabulario apropiado y la inclusión de palabras de transición. Es muy posible que quieras redactar (*edit*) tu composición por lo menos una vez antes de entregársela al profesor / a la profesora.

Paso 5. (Optativo) Algunos voluntarios deben compartir su composición con el resto de la clase. ¿Cuántos datos interesantes aprendiste sobre personas hispánicas distintas? ¿Te gustaría saber más de esas personas?

Don Fernando Castillo Saavedra en el momento de revelar el gran secreto de su vida. ¿Cómo se sentirán sus hijos? ¿su hermano? ¿Cómo afectará esto la unidad familiar?

SECRETOS

¿Cómo y por qué se guardan los secretos?

Todos tenemos secretos, ¿verdad? En este episodio de *Nuevos Destinos*, vas a saber más del secreto de don Fernando Castillo. También hablarás de algunos secretos muy famosos y, quizás, compartirás algunos de los tuyos. ¿Tienes muchos o pocos secretos? ¿Hay mucha gente que pueda confiar en ti? Y tú, ¿en quién puedes confiar?

Hay varias razones por las cuales se guardan los secretos. ¿Tienen secretos sólo las personas deshonestas? ¿O las tienen también las personas honestas? ¿Cuándo se debe revelar los secretos que uno guarda? ¿Bajo qué circunstancias *no* se debe revelarlos?

El vídeo

El vídeo

Prepárate para ver el vídeo

Actividad A. ¡Repasemos!

Paso 1. ¿Quiénes son estas mujeres? ¿Cuál es su parentesco con don Fernando? ¿Están casadas? ¿Con quién?

1.　　　　**2.**　　　　**3.**　　　　**4.**

Paso 2. Con un compañero / una compañera, compartan sus respuestas del Paso 1. ¿Están de acuerdo? Hagan los cambios necesarios en sus descripciones.

Actividad B. Predicciones

Paso 1. En el Episodio 2, Raquel empezó a contarle a Lucía la historia de la investigación que llevó a cabo hace cinco años. ¿Dónde y cómo comenzó a investigar el secreto de don Fernando? ¿Con quién habló? Con un compañero / una compañera, miren las fotos a continuación y hagan algunas predicciones sobre la investigación original de Raquel.

  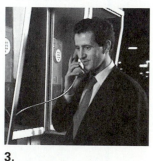

1.　　　　　**2.**　　　　　**3.**

Paso 2. Comparen sus predicciones con las de otro grupo. ¿Tienen ideas semejantes o son todas distintas?

En el Episodio 4 del CD-ROM que acompaña *Nuevos Destinos,* hay una variedad de actividades relacionadas con el Episodio 3 del vídeo.

Después de ver el vídeo

Actividad A. ¿Cuánto captaron?

Paso 1. En grupos de tres estudiantes, emparejen los siguientes personajes con las descripciones a continuación. **¡OJO!** Hay más de una respuesta correcta en algunos casos.

- **a.** don Fernando Castillo
- **b.** Lucía Hinojosa
- **c.** Elena Ramírez
- **d.** Raquel Rodríguez
- **e.** Jaime Ruiz

- **f.** Miguel Ruiz (hijo)
- **g.** Miguel Ruiz (padre)
- **h.** Alfredo Sánchez
- **i.** Teresa Suárez

1. _____ Busca a la Sra. Suárez.
2. _____ Son los nietos de la Sra. Suárez.
3. _____ Tiene un gran secreto.
4. _____ Quiere saber más de la investigación original.
5. _____ Ahora vive en Madrid.
6. _____ Llamó a la Sra. Suárez por teléfono.
7. _____ Quiere que Raquel vaya a Madrid.
8. _____ Cree que Raquel es una maestra de primaria.
9. _____ Es la nuera de la Sra. Suárez.
10. _____ Se queda en el Hotel Príncipe de Vergara.
11. _____ Dejó su cartera en el taxi.

Paso 2. Ahora escriban cuatro oraciones más sobre los personajes y acontecimientos del Episodio 3. Dos de las oraciones deben ser ciertas y dos deben ser falsas.

Paso 3. Compartan sus oraciones con los miembros de otro grupo. Ellos deben determinar cuáles son las oraciones ciertas y cuáles son las falsas.

Actividad B. Del guión: ¿Con quién habla Raquel?

Paso 1. Escucha estas dos conversaciones que tiene Raquel en Sevilla. ¿Con quién habla en cada una?

1. _____   2. _____

Paso 2. Vuelve a escuchar las dos conversaciones para determinar si los personajes que hablan con Raquel tienen información útil para su investigación.

Paso 3. Comparte tu opinión con un compañero / una compañera. En estos fragmentos de conversaciones, ¿qué descubre Raquel de la Sra. Suárez? Y Uds., ¿cómo creen que es ella? ¿Creen que es una persona de confiar?

Actividad C. Del guión: La confidencialidad

Paso 1. Escucha esta parte de la conversación entre Raquel y el reportero Alfredo Sánchez. Luego, escribe una palabra que describe la actitud del reportero hacia el secreto de Raquel. ¿Respeta él la confidencialidad del cliente de Raquel?

Alfredo, el reportero, es _____.

Paso 2. Compara tu descripción de Alfredo con la de un compañero / una compañera. ¿Son semejantes sus descripciones?

Paso 3. (Optativo) La clase puede hacer un pequeño debate sobre el respeto de la confidencialidad en los reportajes de la televisión. ¿Es respetada la vida privada de personas, especialmente la de las personas famosas? ¿O se pone más énfasis en el sensacionalismo y los chismes (*gossip*)?

Actividad D. El secreto de don Fernando

Paso 1. ¿Qué opinan Uds. del secreto de don Fernando? ¿Están a favor o en contra de su decisión de no decirle nada a su familia sobre Rosario? En grupos de tres, escriban su opinión sobre la decisión de don Fernando de guardar su secreto.

Paso 2. Lean sus opiniones al resto de la clase. Escriban los diferentes argumentos en la pizarra y hagan un pequeño debate.

Vocabulario del tema

Las relaciones interpersonales

amar to love
confiar (confío) (en) to trust (in)
dañar to harm, hurt
engañar to deceive
guardar (un secreto) to keep (a secret)
mentir (ie, i) to lie
ocultar to hide
odiar to hate
perdonar to forgive
Cognados: controlar, revelar

la mentira lie
la traición betrayal
la verdad truth

la vida privada private life; privacy
Cognados: la confidencialidad, la identidad, la imagen

Vocabulario de expansión

Fíjate que en español no hay una palabra equivalente a lo que en inglés se conoce como *privacy*. Esto se debe al hecho de que, en el mundo hispánico, el concepto de *privacy* es menos común. Por eso, se usa el término **la vida privada,** que no es exactamente lo mismo.

Actividad A. Ejemplos personales

Paso 1. En grupos de tres estudiantes, escriban ejemplos para describir el significado de las siguientes palabras.

> MODELO: **amar** → Cuando uno ama a alguien, siente gran afecto por esa persona. El amor que uno expresa puede ser tanto físico como emocional o intelectual...

1. engañar
2. mentir
3. odiar
4. perdonar
5. ocultar

Paso 2. Lean sus ejemplos al resto de la clase. ¿Qué tienen en común con los de otros grupos?

Actividad B. Los secretos revelados

Paso 1. Empareja a los personajes y personas de la columna a la izquierda con los secretos de la columna a la derecha. ¿Cuántos puedes emparejar?

1. _____ Clark Kent
2. _____ Adolfo Hitler
3. _____ J. Edgar Hoover
4. _____ Earvin «Magic» Johnson
5. _____ La Cenicienta (*Cinderella*)
6. _____ el Presidente Nixon
7. _____ Romeo y Julieta
8. _____ Darth Vader

a. Grabó conversaciones secretamente.
b. Tuvo oficinas subterráneas en Berlín.
c. Fue el padre de un héroe de la ciencia ficción, pero el hijo no lo sabía.
d. Mantuvieron su amor en secreto.
e. Guardaba expedientes (*files*) secretos sobre muchas personas.
f. Mantenía dos identidades.
g. Se contrajo el VIH (virus de inmunodeficiencia humana) pero no se lo dijo a nadie durante mucho tiempo.
h. Asistió secretamente a un baile de gala, igual que sus dos hermanastras feas y malvadas.

Paso 2. Con un compañero / una compañera, nombren algunas de las posibles razones por las cuales creen que estos personajes o personas guardaron sus secretos. ¿Cómo se revelaron estos secretos?

Paso 3. Piensen en los tipos de secretos en la lista. Pónganlos en categorías, según lo que tienen en común.

> MODELO: **seguridad:** J. Edgar Hoover y Adolfo Hitler guardaron sus secretos por la seguridad de sus naciones.

Paso 4. (Optativo) ¿Qué tipo de secretos predominan en la vida pública, es decir, en la vida de las estrellas de cine o de televisión? ¿Qué se ve en programas expositorios como «Hard Copy» o «Entertainment Tonight»? ¿Qué tipo

---

Estrategia comunicativa

Las palabras derivadas

Es muy probable que ya sepas que muchos términos y palabras en español son derivados de otros. Aquí hay algunos ejemplos.

amar → el amor
mentir → la mentira

la traición → el traidor / la traidora traicionar

¿Cuántas derivaciones de las siguientes palabras puedes idear?

confiar   engañar
dañar   odiar

La búsqueda de relaciones entre palabras te servirá enormemente en la ampliación de tu vocabulario en español.

de historias se leen en la prensa popular? En grupos de cuatro estudiantes, hagan una lista de los secretos más comunes y pónganlos con los grupos apropiados del Paso 3. Deben añadir otros grupos si es necesario.

MODELO: **mentira/imagen:** Muchos actores y actrices famosos dicen que les va bien económicamente, cuando en realidad están a punto de declararse en bancarrota. Parece que, ante todo, quieren mantener su imagen de persona rica y popular.

Para comentar

En el siguiente recorte de una revista española popular, se ven los resultados de una encuesta. Con un compañero / una compañera, lean el recorte y contesten las preguntas a continuación.

¿En qué profesiones se miente más?

POLÍTICOS	84%
LÍDERES SINDICALES	79%
EMPRESARIOS	76%
MILITARES	61%
GENTE DE LA CALLE	59%
RELIGIOSOS	58%
PERIODISTAS	58%
FUNCIONARIOS	58%
JUECES	52%
POLICÍAS	49%
INTELECTUALES	40%
PROFES. UNIV.	33%
MÉDICOS	23%
MAESTROS	22%

En España sólo confiamos en la palabra de los profesionales relacionados con la educación y los médicos, y consideramos la política como un engaño.

Fuente: Centro de Investigaciones Sociológicas

1. ¿Están Uds. de acuerdo con los resultados de la encuesta? ¿Por qué sí o por qué no?
2. ¿Cuáles son algunas circunstancias en esas profesiones en las que sería justificado mentir? ¿Por qué?
3. ¿Cuáles serían los resultados de esa encuesta si se hiciera en los Estados Unidos? ¿Creen que los estadounidenses piensan de manera más o menos igual que los españoles en cuanto a la confiabilidad de los profesionales?

Nota cultural

El teléfono

El teléfono es un medio de comunicación muy importante en los países hispánicos, como lo es en el resto del mundo. Se usa para conversar con los amigos y parientes, para hacer citas y reservaciones, para obtener información y para los negocios. En fin, el teléfono nos «conecta» con los demás.

En el mundo hispánico, hay varias maneras de contestar el teléfono. Por ejemplo, en España y otros países, se contesta con «Dígame» o «¿Diga?», mientras que en México es común decir «¿Bueno?» al contestar el teléfono. En Panamá se dice «¿Diga?», «¿A ver... ?» o «Aló». El uso de la expresión «Aló», un anglicismo, está bastante difundido por todo el mundo hispánico.

Pero en el mundo de los negocios, por supuesto, la manera de contestar el teléfono es más formal: «Contraloría General, habla la Srta. Ibáñez; ¿En qué puedo servirle?» o «(Habla) El Sr. Carrera, a sus órdenes». La expresión «¿De parte de quién, por favor?» indica que la persona que llama debe identificarse. Por ejemplo, se puede responder con «Habla Enrique Contreras» o «De parte de Enrique Contreras». Si la persona a quien llamas no se encuentra en casa o en la oficina, puedes decir «¿Podría dejarle un recado, por favor?» o «Quisiera dejarle un recado, por favor».

¿Y tú? ¿Cómo sueles contestar el teléfono, con un tono formal o uno más informal? ¿En qué situaciones cambiarías tu forma de contestar?

¿Comó contestaría el teléfono Raquel cuando está en casa?

¿Cómo contestaría el teléfono Lucía en esta situación?

Enfoque oral

Enfoque oral

Actividad. Tengo un secreto... ¿quién soy?

Paso 1. Divídanse en grupos de cinco estudiantes. Cada persona del grupo tiene que pensar en un personaje famoso que tiene/tuvo un secreto y apuntar cuatro o cinco datos importantes sobre ese personaje. Vas a usar los datos como pistas (*clues*) para los demás miembros de tu grupo.

MODELO: 1. Tengo una identidad falsa.
2. Mi novia es reportera para un periódico.
3. Yo también trabajo en ese periódico.
4. Soy de otro planeta.

Paso 2. Una persona va a empezar por leer las pistas en su lista. Luego, el turno pasa a otro miembro del grupo y él/ella lee las pistas en su lista, etcétera.

Paso 3. Si adivinas quién es el personaje de alguien en tu grupo, escribe el nombre del personaje y el secreto que guarda en otro papel. **¡OJO!** No debes indicar quién es hasta que todos hayan leído sus pistas.

Paso 4. Ahora que todos hayan leído sus pistas, hagan turnos para indicar quiénes son los personajes de los miembros de su grupo. También deben indicar cuál es el secreto que guarda ese personaje. ¿Cuántos acertaron correctamente todos los personajes y los secretos? ¿Hay algún personaje que nadie del grupo haya podido identificar?

Paso 5. (Optativo) Entre todos, comenten los personajes y los secretos que guardan. ¿Por qué guardan esos secretos? ¿Lo hacen por razones de seguridad personal o nacional? ¿por dinero? ¿por vergüenza? ¿por no herir (*so as not to hurt*) los sentimientos de otra persona? ¿Por qué guardas secretos tú? ¿Cuándo crees que es el momento apropiado para revelar los secretos?

Lectura

Lectura

Leopoldo Alas (1852–1901), también conocido por su pseudónimo «Clarín», es una de las figuras más importantes del movimiento naturalista* de la literatura española del siglo XIX. Su novela *La regenta* se considera la obra maes-

---

*El naturalismo era un movimiento literario del siglo XIX que se caracterizaba por un carácter determinista, en el que el destino de los seres humanos es predeterminado por los poderes divinos.

tra de ese movimiento. En su cuento «El sustituto», Clarín juega con la importancia de las letras (la literatura), el concepto del honor y las diferencias sociales que regían en el pueblo español de su época.

Antes de leer

Actividad A. ¿Quiénes son?

Paso 1. Los siguientes personajes aparecen en el cuento. Con un compañero / una compañera, lean la breve descripción de cada uno de ellos.

1. Eleuterio: hijo de don Pedro Miranda; poeta
2. don Pedro Miranda: padre de Eleuterio; rico y poderoso
3. María Pendones: madre de Ramón; le debe mucho dinero a don Pedro Miranda
4. Ramón: hijo de María Pendones; novio de Pepa de Rosalía
5. Pepa de Rosalía: novia de Ramón

Paso 2. En «El sustituto», uno de los personajes tiene que luchar en una guerra por parte del otro. Es decir, lo sustituye como soldado. ¿Por qué se efectúa esa sustitución? ¿Cuáles podrían ser las circunstancias que rodean esa situación? Con tu compañero/a, usen las descripciones del Paso 1 para hacer predicciones sobre quién va a la guerra por parte de quién y por qué.

Paso 3. Después de leer el cuento, verifiquen sus predicciones.

Actividad B. Sustituciones

Paso 1. En grupos de tres estudiantes, hagan una lista de situaciones en las que unas personas sustituyen a otras.

MODELOS: 1. En la película cómica *Dave,* Kevin Klein sustituyó al presidente de los Estados Unidos porque se parecían mucho.
2. Cuando un beisbolista no corre rápidamente, otro jugador corre por él.

Paso 2. Ahora cada grupo debe leer o escribir en la pizarra el ejemplo más interesante de su lista.

Paso 3. (Optativo) Entre todos, hablen de las situaciones en que Uds. han sustituido a otros o en que han sido sustituidos por otros. ¿Bajo qué circunstancias son necesarias ciertas sustituciones?

¡OJO!

Uno de los usos de por

Los usos de la preposición **por** son varios. En «El sustituto», se ve el uso de **por** en el contexto de la sustitución, es decir, cuando alguien toma el lugar de otra persona. Por ejemplo, si tú estás enfermo/a, ¿quién trabaja **por** ti? Si el profesor / la profesora no puede venir a la universidad algún día, ¿quién enseña **por** él/ella?

El sustituto (resumido)

La madre de Ramón, viuda, llevaba en arrendamiento[a] cierta humilde heredad de que era propietario don Pedro Miranda, padre de Eleuterio. La infeliz no pagaba la renta. ¡Qué había de pagar si no tenía con qué! Don Pedro se aguantaba;[b] pero un día se cargó de
5 razón: que María Pendones tenía que pagar las rentas atrasadas o... dejar la finca. «O las rentas o el desahucio.[c]»

Pero en esto le tocó la suerte a Eleuterio, el hijo único de don Pedro, el mimo[d] de su padre y de toda la familia, porque era un estuche[e] que hasta tenía la gracia de escribir en los periódicos de la corte,
10 privilegio de que no disfrutaba ningún otro menor de edad en el pueblo. Como no mandaban[f] entonces los del partido de Miranda, sino sus enemigos... No hubo manera de declarar a Eleuterio inútil para el servicio de las armas. Y el único remedio era pagar un dineral para librar al chico. Pero los tiempos eran malos; dinero contante y sonante,[g] Dios lo
15 diera; mas[h] ¡oh idea feliz! «El chico de la Pendones, el mayor, ¡justo!» O el desahucio o pagarme las rentas atrasadas yendo Ramón a servir al rey en lugar de Eleuterio.

Y dicho y hecho... Ramón tuvo energía por la primera vez de su vida, y a escondidas de su madre, se vendió, liquidó con don Pedro, y el pre-
20 cio de su sacrificio sirvió para pagar las rentas astrasadas y la corriente. Y tan caro supo venderse, que aun pudo sacar algunas pesetas para dejarle a su madre el pan de algunos meses... y a su novia, Pepa de Rosalía, un guardapelo[i] que le costó un dineral... Él se fue al servicio; a ella le quedó el guardapelo, y de tarde en tarde fue recibiendo cartas
25 de puño y letra[j] de algún cabo,[k] porque Ramón no sabía escribir...

Éste era el Ramón que se la atravesó entre ceja y ceja[l] al mejor lírico de su pueblo al fraguar[m] el final de su elegía u oda a la patria. ¡Oh, cruel sarcasmo! ¡Sí, terrible vergüenza!...

Con un discurso improvisado, [Eleuterio] entusiasmó al público; se
30 llegó a entusiasmar él mismo. En el patético epílogo se le volvió a presentar la figura pálida de Ramón... mientras ofrecía, entre vivas y aplausos de la muchedumbre,[n] sellarlo todo con su sangre, si la patria la necesitaba, y se juraba a sí propio, echar a correr aquella misma noche camino de África, para batirse[o] al lado de Ramón.

---

[a]en... alquilado   [b]se... *put up with it*   [c]*eviction*   [d]*spoiled child*   [e]era... tenía habilidad por varias cosas   [f]gobernaban (*fig.*)   [g]dinero... dinero en efectivo   [h]pero   [i]*locket*   [j]puño... *handwriting*   [k]*corporal*   [l]entre... en la cabeza   [m]*hatching*   [n]grupo de muchas personas   [o]luchar

¡OJO!

**Cláusulas con si;
el imperfecto de
subjuntivo; el
condicional**

En español, se puede indicar
la posibilidad remota o incluso la imposibilidad de
que algo ocurra usando
cláusulas con **si**, el imperfecto de subjuntivo y el
condicional.

Si estuviéramos en Sevilla,
iríamos a la Catedral.
(No estamos en Sevilla.
Por eso, no podemos ir a
la Catedral.)

Si yo fuera Miguel, renun-
ciaría a mi puesto cuanto
antes (*right away*).
(No soy Miguel. Así que
no puedo renunciar a su
puesto.)

35 Y lo hizo como lo pensó. Pero al llegar a Málaga para embarcar, supo
que entre los heridos que habían llegado de África dos días antes estaba
un pobre soldado de su pueblo. Tuvo un presentimiento; corrió al hospital, donde vio al pobre Ramón Pendones próximo a la agonía. Estaba
herido, pero levemente. No era eso lo que le mataba, sino lo de siem-
40 pre: la fiebre. Había sido durante un mes largo un héroe de hospital.

Murió Ramón Pendones en brazos del señorito, muy agradecido y
recomendándole a su madre y a su novia. Y el señorito, más poeta, más
creador de lo que él mismo pensaba, pero poeta épico, objetivo, salió
de Málaga, pasó el charco[p] y se fue derecho al capitán de Ramón, un
45 bravo de buen corazón y fantasía, y le dijo:

—Vengo de Málaga; allí ha muerto en el hospital Ramón Pendones,
soldado de esta compañía. He pasado el mar para ocupar el puesto del
difunto.[q] Hágase usted cuenta que Pendones ha sanado y que yo soy
Pendones. Él era mi *sustituto*, ocupaba mi puesto en las filas[r] y yo
50 quiero ocupar el suyo. Que la madre y la novia de mi pobre sustituto
no sepan *todavía* que ha muerto; que no sepan jamás que ha muerto
en un hospital, de tristeza y de fiebre...

La idea de Eleuterio era muy sencilla, y el modo de ponerla en práctica lo fue mucho más. Quería pagar a Ramón la vida que había dado
55 en *su lugar*; quería ser sustituto del sustituto y dejar a los seres queridos de Ramón una buena herencia de fama, de gloria, y algo de provecho... Murió, no como hubiera muerto el pobre Ramón, sino con *dis-
tinción*, con elegancia...

El general en jefe le consagró un solemne elogio; se le ascendió des-
60 pués de muerto; su nombre figuró en letras grandes en todos los periódicos, diciendo: «Un héroe: Ramón Pendones».

---

[p]*pond* (*fig.* el Mediterráneo) [q]persona muerta [r]*ranks*

Después de leer
Actividad A. ¿Cómo son?

Paso 1. Con un compañero / una compañera, busquen información en el
cuento que describa a Ramón y a Eleuterio. Preparen un resumen breve de lo
que se sabe de cada hombre. ¿Cómo son? ¿Cuáles son las mejores cualidades
de Ramón? ¿de Eleuterio?

Paso 2. Compartan sus resúmenes con los de otros grupos. ¿Están de acuerdo?

Paso 3. (Optativo) Entre todos, comenten el acto de autosacrificio que hizo Eleuterio al final del cuento. ¿Por qué quería que su acto se mantuviera en secreto? Y el capitán en África, ¿ayudó a Eleuterio a guardar el secreto? ¿Cómo lo saben?

Actividad B. El valor de la vida

Paso 1. En grupos de tres estudiantes, busquen en el cuento todas las referencias al dinero o a los términos monetarios. ¿Qué visión de la España de aquella época presenta Clarín? ¿Cuál es uno de los mensajes principales del cuento?

Paso 2. Imagínense que Uds. tuvieran que enfrentarse con una situación semejante a la de Ramón. ¿Qué harían Uds.? ¿En qué se basaría su decisión? ¿Dominaría el honor? ¿la necesidad? ¿quizás el amor? ¿Qué harían en el lugar de Eleuterio? ¿Por qué creen que se sacrificó por alguien que no era de la misma clase social?

Composición

Composición

Actividad. Mi deseo secreto

¿Tienes algún deseo anhelante (*burning*) por algo que quieres hacer pero que has mantenido en secreto? ¿Has guardado este secreto por mucho tiempo? ¿Por qué no lo has puesto en práctica? ¿Realmente es un «secreto» o hay otras personas que conozcan este deseo?

Paso 1. Piensa en un deseo secreto que has guardado. Haz una lista de la información necesaria para revelar este secreto. ¿Qué es? ¿Cuánto tiempo hace que lo guardas? ¿Por qué no lo has realizado todavía? ¿Qué se necesita hacer para realizarlo?

Paso 2. Ahora haz un bosquejo en el que organizas lógicamente la información que apuntaste en el Paso 1. Intercambia tu bosquejo con el de un compañero / una compañera. ¿Cuáles son las reacciones que Uds. tienen al bosquejo de su compañero/a? ¿Queda claro el deseo de cada uno/a? ¿Qué recomendaciones tienen para mejorar el bosquejo de su compañero/a?

Paso 3. Usando el bosquejo y las recomendaciones de tu compañero/a, escribe una breve composición en la que describes este deseo secreto. Ahora que lo hayas pensado bien, ¿piensas realizar este deseo? ¿Por qué no? ¡Manos a la obra!

Ésta es Teresa Suárez, la persona que le escribió la carta a don Fernando Castillo. ¿Qué sabes de ella? ¿Qué información tiene sobre Rosario y el hijo que tuvo con don Fernando? ¿Cómo va a influir la Sra. Suárez en la investigación de Raquel?

EN CONTACTO

¿Qué nos une?

4

¿**C**uáles son los vínculos (*ties*) que nos unen los unos a los otros? En Sevilla, Raquel se puso en contacto con la familia Ruiz, cuyo interés y apoyo contribuyeron enormemente a la investigación de ella. Se puede decir que Raquel y la familia Ruiz han establecido fuertes lazos de amistad y confianza. ¿Crees que Raquel va a establecer otros lazos que la conectarán aun más al destino de don Fernando y de la familia Castillo? ¿Y qué de la amistad entre la Sra. Suárez y Rosario? ¿Cómo se formó? ¿Qué las unió?

Piensa en tu propia vida. ¿Cuáles son los lazos que te unen a otras personas? ¿Cómo se entretejen (*interweave*) los caminos de tu vida y la de otros?

El vídeo

El vídeo

En el Episodio 4 del CD-ROM que acompaña *Nuevos Destinos,* hay una variedad de actividades relacionadas con el Episodio 4 del vídeo.

Prepárate para ver el vídeo

Actividad A. El episodio anterior

Paso 1. En el Episodio 3, Raquel le contó a Lucía de su estancia en Sevilla y empezó a hablar de su viaje a Madrid. ¿Recuerdas a los personajes de Sevilla? Indica quiénes son estos personajes y cuál es su parentesco con la Sra. Suárez.

1.   **2.**   **3.**   **4.**

Paso 2. Con un compañero / una compañera, comparen sus respuestas del Paso 1. ¿Hay algunos datos que quieran añadir?

Actividad B. Predicciones

Paso 1. Al final del Episodio 3, Lucía recibe un paquete urgente. ¿Qué habrá en ese paquete que no puede esperar hasta más tarde? Indica las oraciones que crees que reflejan la verdad sobre el paquete.

El paquete urgente contiene...

1. _____ el testamento de don Pedro.
2. _____ una carta de Ramón Castillo.
3. _____ un documento importante sobre el hijo de Rosario y don Fernando.
4. _____ una carta del gobierno mexicano.
5. _____ noticias de la muerte de alguien.
6. _____ fotos de la investigación original de Raquel.

Paso 2. Comparte tus respuestas con un compañero / una compañera. ¿Están Uds. de acuerdo en cuanto al contenido del paquete? ¿Creen que es otra cosa que no está en la lista del Paso 1?

Paso 3. Después de ver el Episodio 4, verifiquen sus respuestas.

Actividad C. En Madrid

Paso 1. ¿Qué va a suceder con la investigación de Raquel en Madrid? Con un compañero / una compañera, hagan una lista de tres predicciones sobre lo que creen que pasará. Pueden basar sus predicciones en los siguientes temas.

1. ¿Van a conocerse la Sra. Suárez y Raquel?
2. ¿Va a investigar Alfredo Sánchez el caso de don Fernando?
3. ¿Va a recibir noticias Raquel de don Fernando?
4. ¿Va a aparecer la Sra. Díaz, maestra de primaria, y tendrá algo que ver con la investigación de Raquel?
5. ¿Van a conocerse Rosario y Raquel?

Paso 2. Intercambien su lista con la de otro grupo de estudiantes. ¿Tienen algunas ideas semejantes o son todas distintas? Si son distintas, ¿en qué se difieren?

Después de ver el vídeo

Actividad A. ¿Cuánto recuerdas?

Paso 1. Identifica a quién se refiere cada afirmación a continuación.

a. Ramón Castillo	**c.** Elena Ramírez	**e.** Federico Ruiz
b. Lucía Hinojosa	**d.** Raquel Rodríguez	**f.** Teresa Suárez

1. _____ Le manda a Lucía una carta oficial del gobierno sobre la herencia de La Gavia.
2. _____ Le mostró a Raquel algunas cartas con una dirección en la Argentina.
3. _____ Le consigue a Raquel el certificado de nacimiento del hijo de Rosario y don Fernando.
4. _____ Decide grabar la historia de la investigación original.
5. _____ Debe presentarles a los oficiales del gobierno mexicano toda la documentación que pueda sobre La Gavia.
6. _____ Conoce a Raquel en el hotel y la lleva a casa de su madre.

Paso 2. (Optativo) Con un compañero / una compañera, escojan una de las escenas del Episodio 4 y preséntenla en forma dramática. Los demás miembros de la clase tienen que adivinar quiénes son Uds. y qué escena representan.

Actividad B. Retratos

Paso 1. Ahora que Raquel y la Sra. Suárez se conocieron, ¿cómo compararías a las dos mujeres? En un breve párrafo, haz comparaciones entre ellas, fijándote en las siguientes preguntas: ¿Cómo son físicamente? ¿Cómo actúan? ¿Qué edad tienen? ¿Tienen algo en común? ¿Cómo están enlazadas o conectadas su vida?

Paso 2. Intercambia tu párrafo con el de un compañero / una compañera. ¿Hay algo que te gustaría añadir a tu comparación?

Actividad C. Del guión: Una carta de Ramón

Paso 1. Escucha este segmento del Episodio 4. Luego, escribe oraciones indicando lo que van a hacer las personas a continuación.

1. Los oficiales del gobierno mexicano...
2. Lucía...
3. Raquel...
4. La asistente de Raquel...

Paso 2. Comparte tus oraciones con un compañero / una compañera. ¿Llegaron Uds. a las mismas conclusiones?

Vocabulario
del tema

Vocabulario del tema

Medios de comunicación e información

Las cartas

enviar (envío) / mandar to send
franquear to pay postage

el/la destinatario/a addressee
el/la remitente sender
Repaso: la despedida, el saludo

Los periódicos y las revistas

enterarse (de) to find out (about)
redactar to write; to edit
Cognados: investigar, publicar

las noticias news
la prensa press
la primera plana front page
el pronóstico (del tiempo) weather forecast
las tiras cómicas comic strips
el titular headline
Cognados: el artículo, el editorial, el horóscopo

La comunicación electrónica

navegar la red to "surf the net"

el correo electrónico electronic mail (e-mail)

la red electrónica mundial de información World Wide Web
Cognados: el browser de páginas, la computadora, el Internet

El teléfono

colgar (ue) to hang up
marcar to dial
Cognado: el teléfono celular

Otros medios de comunicación e información

Cognados: la radio, el telegrama, la televisión

Vocabulario de expansión

Ya sabes que en muchos casos hay más de un solo término para nombrar algo en español. Así es con las tiras cómicas. A continuación hay algunas diferencias léxicas y el país donde podrías oírlas. ¿Por qué crees que hay tantas palabras para referirse a una sola cosa?

las tiras (general)   **los monos**
las historietas   **(México)**
  (la Argentina)   **los tebeos (España)**

Actividad A. Definiciones

Paso 1. Escribe definiciones de los siguientes términos relacionados con los medios de comunicación e información. Incluye una descripción de cómo influye en tu vida cada palabra o expresión definida.

MODELO: **la carta**→La carta es un papel escrito que se le envía a otra persona para comunicarse con ella. Cuando les mando cartas a mis parientes y amigos, les cuento de mi vida en la universidad, de nuevos amores...

1. la prensa
2. las tiras cómicas
3. la red electrónica mundial de información

4. la primera plana
5. el correo electrónico

Paso 2. Intercambia tus definiciones con las de un compañero / una compañera. ¿En qué se asemejan (*resemble each other*) sus oraciones? ¿En qué difieren? ¿De qué manera influyen esas cosas en la vida de Uds.?

Para comentar

El siguiente recorte de una revista española muestra algunos síntomas de las computadoras infectadas por un virus. (Fíjate que la palabra más común en España para referirse a la computadora es **el ordenador**.) Con un compañero / una compañera, lean el recorte y contesten las preguntas a continuación.

1. Busquen en el recorte las siguientes palabras. ¿Pueden identificar el significado de cada una según el contexto en que aparece en el recorte? ¿Cuántas de ellas parecen llevar alguna influencia del idioma inglés?

   arrancar, el disco duro, el fichero, la pantalla, reformateado

2. ¿Usan Uds. computadoras? ¿Alguna vez les ha fallado (*crashed*) su computadora? ¿Qué pasó?

3. Es cierto que muchas personas dependen de su computadora para trabajar y comunicarse con otros. ¿Y Uds.? ¿Qué les pasa si no tienen acceso al correo electrónico? ¿Les importa mucho o poco?

Mi PC está enfermo

Estos son algunos de los síntomas más habituales de un ordenador cuando ha sido infectado por un virus informático. Si los reconoces, podrás tratar de eliminarlos.

 Se reduce la memoria disponible y salen mensajes en la pantalla.

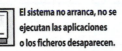 Algunos sectores o pistas del disco duro han sido reformateados.

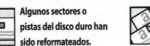 El sistema no arranca, no se ejecutan las aplicaciones o los ficheros desaparecen.

 El sistema no puede reconocer alguna de las unidades de disco.

 Se cambia el nombre de ficheros existentes y los directorios se deterioran.

 Aparecen ficheros con signos extraños y sin la información original.

Actividad B. En contacto con los demás y con el mundo

Paso 1. ¿Cómo te mantienes en contacto con otros? Apunta los tres medios de comunicación que usas con más frecuencia. También debes incluir las ventajas y desventajas de esos medios.

Paso 2. ¿Cómo te enteras de lo último? Apunta los tres medios de información que sueles emplear con más frecuencia. Incluye también las ventajas y desventajas de cada uno de esos medios.

Paso 3. En grupos de tres o cuatro estudiantes, compartan sus listas. ¿Qué pueden decir sobre sus preferencias con respecto a los medios de comunicación e información? ¿Creen Uds. que algunas de las ventajas mencionadas son, en realidad, desventajas y vice versa? Justifiquen sus razones.

Nota cultural

En contacto con las civilizaciones antiguas

Los restos[a] arqueológicos de las antiguas civilizaciones maya, azteca e inca nos proporcionan[b] evidencia de cómo se comunicaban entre sí los habitantes de estos imperios.

Los mayas usaban un lenguaje escrito jeroglífico. Por medio de estos jeroglíficos, muchos de los cuales cubren los edificios de sus templos y pirámides, los mayas nos cuentan de sus creencias religiosas; de sus guerras y conquistas; de su conocimiento sobre la astronomía, las matemáticas y la agricultura y de la economía del imperio.

Los aztecas usaban un lenguage escrito pictográfico cuyos restos se ven en sus edificios y códices.[c] En los códices se ve una multitud de actividades diarias y ceremoniales: una mujer le enseña a su hija a preparar tortillas, un joven pesca con su padre, un prisionero de la guerra está sacrificado a los dioses aztecas, etcétera. Por medio de estos códices, se puede formar una imagen más completa de cómo eran los aztecas en el apogeo[d] de su imperio.

De los incas no tenemos evidencia del lenguaje escrito. Sin embargo, se sabe que su civilización era sumamente[e] organizada y eficiente. Para poder comunicarse entre los miembros del vasto imperio, usaban un sistema de cuerdas con nudos,[f] llamadas *quipus* (o *quipas*). Los nudos representaban números e indicaban todo lo que pasaba en el imperio. Había mensajeros que rápidamente llevaban las quipus por todas partes, así difundiéndoles las noticias a los gobernantes y a los más interesados.

---

[a]*remains* [b]*dan* [c]*manuscritos* [d]*high point* [e]*muy* [f]*knots*

Enfoque oral

Enfoque oral

Actividad. La Sra. Suárez no escribió la carta

Paso 1. ¿Qué habría pasado si Teresa Suárez nunca le hubiera escrito una carta a don Fernando? A continuación hay otras posibilidades de lo que ella podría haber hecho. Con un compañero / una compañera, escojan una de esas opciones u otra, si piensan en otra posibilidad.

Teresa Suárez...

1. trata de ponerse en contacto con Rosario y le escribe una carta.
2. hace un viaje a la Argentina para tratar de localizar a Rosario.
3. llama a don Fernando por teléfono.
4. hace un viaje a México para hablar personalmente con don Fernando.
5. ¿ ?

Paso 2. Imagínense cómo la historia de *Nuevos Destinos* habría sido diferente. Preparen un minidiálogo basándose en la opción que escogieron en el Paso 1. Deben interpretar los papeles apropiados, según los personajes involucrados (*involved*).

Paso 3. Ahora presenten su minidiálogo en forma dramática ante la clase. ¿Cuál de las presentaciones fue la más cómica? ¿la más original? ¿la más triste?

Lectura

Lectura

El gran poeta español Juan Ramón Jiménez (1881–1958) se conoce por lo sentimental y lo metafísico en su poesía. La mayor preocupación en su obra literaria es la estética, o sea, la ciencia que trata de la belleza y de la teoría fundamental y filosófica del arte. En 1956, poco antes de morir en Puerto Rico, Jiménez recibió el Premio Nobel de Literatura. El poema «El viaje definitivo» es una buena muestra de su preocupación con la estética y de las cuestiones básicas con las cuales se enfrenta el ser humano.

¡OJO!

El condicional perfecto; el pluscuamperfecto de subjuntivo

Se puede usar el condicional perfecto y el pluscuamperfecto de subjuntivo para hablar de algo que podría haber pasado, bajo ciertas circunstancias. A continuación hay un breve repaso de la formación de estos dos tiempos verbales.

- Se forma *el condicional perfecto* con el condicional del verbo **haber** y el participio pasado del verbo principal.
- Se forma *el pluscuamperfecto de subjuntivo* con el imperfecto de subjuntivo del verbo **haber** y el participio pasado del verbo principal.

¿Cómo **habría sido** diferente la vida de don Fernando si nunca **se hubiera estallado** (*broke out*) la Guerra Civil española?

Antes de leer

Actividad A. Predicciones

Paso 1. Piensa en el título del poema. ¿Qué imágenes te sugiere? ¿De qué se tratará el poema?

Paso 2. Compara tu respuesta con la de un compañero / una compañera. ¿Tienen Uds. ideas parecidas en cuanto al tema del poema?

Actividad B. Definiciones

Paso 1. Las siguientes palabras aparecen en el poema. ¿Las conoces todas? Con un compañero / una compañera, escriban definiciones en español de cada una. Es posible que necesiten buscar algunas palabras en un diccionario.

el campanario, el cielo, el hogar, el huerto, el pozo; errar

Paso 2. Ahora lean sus definiciones de nuevo. ¿Cómo creen Uds. que será el ambiente descrito en el poema? ¿Será uno de tranquilidad y paz? ¿de inquietud y ruido?

El viaje definitivo

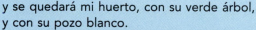

...Y yo me iré. Y se quedarán los pájaros
cantando;
y se quedará mi huerto, con su verde árbol,
y con su pozo blanco.
5   Todas las tardes, el cielo será azul y plácido;
y tocarán, como esta tarde están tocando,
las campanas del campanario.
    Se morirán aquellos que me amaron;
y el pueblo se hará nuevo cada año;
10 y en el rincón[a] aquel de mi huerto florido y encalado,[b]
mi espíritu errará, nostáljico...[c]
    Y yo me iré; y estaré solo, sin hogar, sin árbol
verde, sin pozo blanco,
sin cielo azul y plácido...
15 Y se quedarán los pájaros cantando.

---

[a]*corner* [b]*whitewashed* [c]antigua manera de deletrear **nostálgico**

Después de leer

Actividad A. Imágenes

Paso 1. En el poema, Jiménez presenta una multitud de imágenes visuales, auditivas y cinéticas (de movimiento). Haz una lista de todas las imágenes que encuentres en el poema que pertenecen a estas tres categorías.

imágenes visuales   imágenes auditivas   imágenes cinéticas

Paso 2. Ahora imagínate que no hayas leído el poema, que sólo hayas leído la lista de imágenes del Paso 1. ¿Cómo describirías el poema según las imágenes? ¿Será un poema consolador (*comforting*)? ¿Estará lleno de tranquilidad y paz? ¿Hay algo que sugiera sentimientos negativos? ¿Qué es?

Actividad B. Interpretaciones

Paso 1. ¿Cuál es tu interpretación del poema? En grupos de tres o cuatro estudiantes, expliquen lo que el poema significa para Uds., dando ejemplos específicos que apoyen su punto de vista. A continuación hay algunos temas posibles.

1. la vida
2. la muerte
3. la nostalgia
4. la naturaleza
5. ¿ ?

Paso 2. Ahora escojan uno de los temas mencionados en el grupo para luego compartir con la clase. Traten de desarrollar el tema más a fondo, agregándole citas e interpretaciones.

Paso 3. Todos los grupos deben compartir su interpretación del poema con el resto de la clase. ¿Cuántos grupos sacaron la misma conclusión del poema? ¿Cuál es la interpretación más original?

Composición

Actividad. Un editorial sobre La Gavia

Imagínate que eres periodista para un periódico mexicano. Tu jefe se ha enterado de la reclamación del gobierno contra La Gavia y te ha pedido que escribas un editorial en defensa de la familia Castillo como herederos únicos de la propiedad.

Paso 1. Apunta todo lo que sepas acerca de la propiedad de La Gavia: los cambios que se hicieron desde que don Fernando la compró, cómo se sienten los miembros de la familia Castillo con respecto a la propiedad, etcétera.

Paso 2. Apunta todo lo que sepas acerca de la familia misma. ¿Es una familia unida? ¿Qué es lo que los une? ¿Cómo lo sabes?

Paso 3. Haz un bosquejo para organizar tus apuntes antes de escribir el artículo. ¿Cuáles son las imágenes sobresalientes de la propiedad y de la familia que quieres presentar? ¿En qué orden vas a presentar tu información?

Paso 4. Ahora escribe tu artículo. Puedes inventar detalles para enfatizar tu punto de vista. ¡Lo importante es convencer al público de que la familia Castillo tenga derechos exclusivos a la propiedad!

Aquí Raquel mira con nostalgia una foto sacada hace cinco años. ¿Por qué se sentirá nostálgica ante la foto? ¿La hace recordar tiempos más felices? ¿Será que Raquel está pasando por unas dificultades en su vida actual? ¿Cómo crees que va a superar (overcome) esas dificultades?

NUEVOS HORIZONTES 5

Superando obstáculos

¿Cómo superamos los obstáculos con los que nos enfrentamos en la vida? Hace cinco años, la familia Castillo pasó por momentos difíciles al saber que don Fernando tenía otra familia. Y en la actualidad, la familia está a punto de perder La Gavia a causa de una reclamación del gobierno mexicano. ¿Cómo van a superar esas dificultades?

Mientras tanto, Raquel continúa grabando la historia de su investigación original y cómo la llevó a buscar a Rosario en la Argentina. Ese viaje le abrió nuevos horizontes en la vida y le cambió el rumbo (*path*) de su destino. Ahora parece que ese destino está por cambiar otra vez. ¿Cómo va a superar ella los obstáculos que se le presentan?

Y tú, ¿cómo reaccionas ante los desafíos (*challenges*) de la vida? ¿Has tenido que superar numerosos obstáculos y dificultades en la vida? ¿Cómo lo hiciste? Cuando la vida se complica inesperadamente, ¿qué pasos se debe seguir para resolver la situación y continuar hacia adelante?

El vídeo

El vídeo

Prepárate para ver el vídeo

Actividad A. El episodio anterior

Paso 1. ¿Tienes buena memoria? Con un compañero / una compañera, completen las siguientes oraciones con información del Episodio 4.

1. Lucía recibió una carta urgente de Ramón Castillo, en la que le informa que el gobierno mexicano...
2. Cuando Raquel conoció a la Sra. Suárez, ésta le contó la triste historia de...
3. La Sra. Suárez también le dijo a Raquel que ahora Rosario...
4. Al despedirse de Raquel, la Sra. Suárez le dijo que...

En el Episodio 5 del CD-ROM que acompaña *Nuevos Destinos,* hay una variedad de actividades relacionadas con el Episodio 5 del vídeo.

Paso 2. Comparen sus oraciones con las de otra pareja de estudiantes. ¿Terminaron las oraciones con la misma información?

Paso 3. (Optativo) Con tu compañero/a, inventen tres oraciones, ciertas o falsas, sobre el Episodio 4. Luego, léanselas a otra pareja de estudiantes. Ellos/as tienen que indicar cuáles son las oraciones ciertas y cuáles son las falsas.

Actividad B. Predicciones

Paso 1. Las fotos en la siguiente página muestran algunos personajes del Episodio 5. Con un compañero / una compañera, hagan predicciones sobre estos personajes, basándose en las siguientes preguntas: ¿Quiénes son estos personajes? ¿Se encuentran a Rosario y a Ángel en las fotos? ¿a otros parientes de ellos? ¿Cómo influyen en la búsqueda de Raquel estos personajes?

¡OJO!

Usando los pronombres de complemento directo e indirecto juntos

Cuando se requiere el uso de los pronombres de complemento directo e indirecto en la misma oración, el directo va seguido al indirecto.

¿Tienes la carta? ¿**Me la** puedes mostrar?

Cuando el pronombre de complemento indirecto es de la tercera persona (singular o plural), los pronombres **le** y **les** se cambian por **se.**

Raúl necesita tu dirección. ¿**Se la** puedes dar?

1.  **2.**  **3.**

Paso 2. Compartan sus predicciones con las de otra pareja de estudiantes. ¿Cómo son semejantes o diferentes las predicciones de los dos grupos?

Después de ver el vídeo

Actividad A. En la Argentina

Paso 1. Vuelve a mirar las fotos de la Actividad B en Prepárate para ver el vídeo. ¿Acertaste en tus predicciones sobre el Episodio 5?

Paso 2. En grupos de tres estudiantes, comenten todos los detalles que puedan sobre los siguientes personajes presentados o mencionados en este episodio.

> Ángel Castillo, Arturo Iglesias, Cirilo, Martín Iglesias, Rosario del Valle Iglesias

Actividad B. Del guión: ¿De quién se habla?

Paso 1. Escucha las siguientes citas del Episodio 5 e indica de quién se habla en cada una.

1. _____ **2.** _____ **3.** _____ **4.** _____ **5.** _____

Paso 2. Compara tus respuestas del Paso 1 con las de otro/a estudiante. ¿Están de acuerdo? Vuelvan a escuchar las citas para justificar sus respuestas, si es necesario.

Actividad C. Raquel habla con su madre

Paso 1. En este episodio, Raquel habla por teléfono con su madre. ¿Qué recuerdas de esa conversación? Contesta las siguientes preguntas.

1. ¿Por qué llama a Raquel su madre?
2. Raquel no puede ir a la casa de sus padres durante la semana. ¿Por qué?
3. ¿Quién está fuera de Los Ángeles por algunas semanas?
4. ¿Quién acaba de regresar a Los Ángeles?
5. ¿Cómo reacciona Raquel ante esta última noticia?
6. ¿Cuándo va a ver Raquel a sus padres?

Paso 2. Escucha la cinta para verificar tus respuestas.

Vocabulario del tema

Vocabulario del tema

Superando obstáculos

aclarar to clear up, make clear
apoyar to support
ayudar / socorrer to help
contar (ue) con to count on
darse cuenta de to realize
enfrentarse (con) to confront; to be faced (with)
evitar to avoid
fracasar to fail
lamentar to be sorry; to regret
realizar to achieve
rechazar to reject
sobrevivir to survive
superar to overcome
tener éxito to be successful

el agravio offense, harm
el apoyo support
la ayuda / el socorro help
el desafío challenge
el rencor resentment

Vocabulario de expansión

¡OJO! El verbo **realizar** es un cognado falso. Para expresar el equivalente de *to realize,* debes usar **darse cuenta de.**

Ahora **me doy cuenta de** que no tenía razón en aquel entonces.

Estrategia comunicativa

Más sobre la discreción

En el Capítulo 1, aprendiste algunas frases que te serán útiles en el momento de entrevistar a alguien. A continuación hay otra colección de frases que puedes usar cuando la entrevista se trata de un tema delicado.

¿Le (Te) molesta que hablemos de... ?

Si no le (te) importa hablar de..., me gustaría saber...

Si me perdona (perdonas) la molestia, ¿podría (podrías) decirme... ?

Actividad A. ¡Busca el intruso!

Paso 1. En los siguientes grupos de palabras y frases, hay una que no le pertenece al grupo. Indica la palabra o frase que no le pertenece a cada grupo y prepárate para justificar tus respuestas.

1. apoyar, socorrer, rechazar
2. fracasar, tener éxito, superar
3. enfrentarse con, darse cuenta de, evitar
4. el socorro, la ayuda, el agravio

Paso 2. Con un compañero / una compañera, comenten sus respuestas del Paso 1. ¿Están Uds. de acuerdo? Expliquen el porqué de sus selecciones.

Actividad B. Desafíos en la vida

Paso 1. Todos tenemos momentos difíciles en la vida, pero superamos esos obstáculos y seguimos adelante. ¿Te acuerdas de algún desafío que tuviste que superar? ¿Con qué o quién(es) te enfrentaste? ¿Qué hiciste para realizar el éxito? ¿Recibiste el apoyo de alguien? Haz un breve bosquejo de ese desafío, incluyendo detalles sobre cómo era y qué hiciste para superarlo. **¡OJO!** Vas a compartir tu desafío con otros de la clase, así que es posible que no quieras hablar de algo demasiado delicado o confidencial para ti.

Paso 2. Con un compañero /una compañera, hagan turnos contándose la historia de su desafío personal. Si tu compañero/a te cuenta algo que no entiendes o que no te queda claro, pídele que te dé más información o detalles.

Paso 3. (Optativo) ¿Qué aprendiste de tu compañero/a? Escribe un breve párrafo en el que describes el desafío personal de él/ella *sin mencionar su nombre*. Luego, entrégale tu párrafo al profesor / a la profesora, quien va a leer los párrafos en voz alta. La clase tiene que adivinar de quién habla el profesor / la profesora.

Nota cultural

El voseo

Como en todos los idiomas del mundo, en español hay ciertas variaciones lingüísticas que son típicas de una región o de varias regiones. Una variante muy interesante en el idioma español es el voseo, que consiste en usar el pronombre **vos** en vez de **tú** en situaciones informales. Este uso se observa principalmente en la Argentina y en el Uruguay, pero se ve también en otros países de habla española.

Como se puede imaginar, las formas verbales de **vos** difieren de las formas que se usan con **tú**. Se toman principalmente de las formas del presente de indicativo correspondientes al pronombre **vosotros**, pero sin la -i- al final de la forma verbal (para los verbos que terminan en -ar y -er). Aquí hay un breve resumen de esas formas comparadas con las de **tú**.

	VOS	TÚ
-ar:	(Vos) **Te levantás** tarde.	(Tú) **Te levantas** tarde.
-er:	(Vos) **Comés** temprano.	(Tú) **Comes** temprano.
-ir:	¿Cuándo **venís** (vos)?	¿Cuándo **vienes** (tú)?

Para los mandatos, se quita la -d final de la forma de vosotros, con el acento en la sílaba final.

-ar:	**Levantá** los pies.
-er:	**Prometeme.**
-ir:	¡No me **decí**!

Trata de distinguir algunas formas de vos en los episodios que siguen.

P a r a   c o m e n t a r

En la siguiente tira, Mafalda se encuentra con su amigo Felipe. Con un compañero / una compañera, miren la tira y contesten las preguntas a continuación.

1. ¿Por qué hay confusión por parte de Mafalda sobre el nombre del juguete que tiene Felipe?
2. Si Uds. fueran Felipe, ¿cómo responderían a la acusación final de Mafalda?
3. ¿Pueden Uds. pensar en algunas situaciones en inglés en las que hay malentendido como en esta tira? ¿Cuáles son?

Enfoque oral

Actividad.   Una decisión difícil

En este episodio, conociste a Arturo Iglesias, el medio hermano de Ángel Castillo. También te enteraste de la escena horrible entre Ángel y Martín Iglesias, su padrastro, y de que Rosario ya había muerto. Hace ya muchos años que Arturo vio por última vez a su hermano. ¿Cómo puede superar el obstáculo del distanciamiento, tanto físico como emocional, entre ellos?

Paso 1. En grupos de tres o cuatro estudiantes, comenten la situación en que se encuentra Arturo. ¿Qué harían Uds. si fueran él? A continuación hay algunas ideas.

1. ¿Buscarían a su hermano? ¿Cómo lo harían?
2. ¿Dejarían que Raquel lo hiciera sola? ¿Por qué?
3. ¿No harían nada? ¿Por qué?
4. ¿ ?

Determinen un plan de acción desde el punto de vista de Arturo y organícenlo en forma de un bosquejo.

Paso 2. Compartan su plan con los demás grupos de la clase. ¿Cuál de los grupos tiene el plan más original? ¿el más realista? ¿el menos realista?

Paso 3. (Optativo) En el mismo grupo, imagínense que Arturo se va en busca de su hermano y que lo encuentra. ¿Cómo sería ese encuentro, después de tantos años de no comunicarse el uno con el otro? Presenten ese encuentro en forma dramática ante la clase.

Lectura

El poeta chileno Pablo Neruda (1904–1973), pseudónimo de Neftalí Ricardo Reyes, fue uno de los poetas latinoamericanos más prestigiosos y conocidos del siglo veinte. A lo largo de su fructuosa (*fruitful*) vida literaria, escribía sobre una variedad de temas y con técnicas distintas. Recibió el Premio Nobel de Literatura en 1971. En «Poema 20», de su colección *Veinte poemas de amor y una canción desesperada* (1924), Neruda elabora el tema del amor perdido. Los versos sencillos evocan las confidencias de un enamorado que insiste en expresar su dolor.

Antes de leer

Actividad A. Asociaciones

Paso 1. Lee la siguiente lista de imágenes que aparecen en el poema. ¿Qué emociones o pensamientos provocan en ti?

1. una noche estrellada (*starry*) e inmensa
2. los astros (estrellas) azules
3. el cielo infinito
4. el viento cantando

Paso 2. ¡Ahora te toca a ti! Termina el siguiente verso de por lo menos tres maneras distintas.

«Puedo escribir los versos más tristes esta noche, porque... »

MODELO: 1. «...porque hoy tuve un accidente y mi coche está totalmente destruido.»

Actividad B. El amor perdido

Paso 1. ¿Alguna vez has sentido el dolor de un amor perdido? Puede tratarse de una persona, una mascota o algún objeto de valor sentimental y personal. Contesta las siguientes preguntas.

1. ¿Cómo perdiste ese amor?
2. ¿Cómo te hizo sentir?
3. ¿Cómo superaste el dolor del amor perdido?
4. ¿Llegaste a amar otra vez?

Paso 2. Comparte tus respuestas con las de un compañero / una compañera. Luego, comenten lo siguiente: Cuando Uds. se sienten mal a causa de un do- lor que les parece insuperable, ¿cuál es la mejor manera de sacarse de esos apuros (*troubles*)? ¿Hablan con alguien? ¿Escriben? ¿Hacen ejercicios? ¿ ?

Poema 20

Puedo escribir los versos más tristes esta noche.

Escribir, por ejemplo: «La noche está estrellada,
y tiritan,ª azules, los astros, a lo lejos.»

El viento de la noche giraᵇ en el cielo y canta.

ªshiver   ᵇspins

¡OJO!

¿Cuándo cambia el significado?

Acuérdate que el significado de algunos verbos en el pretérito es distinto de su significado en el imperfecto.

pretérito

querer:
  quise (*I tried; I loved*)
  no quise (*I refused*)

tener:
  tuve (*I had; I received*)

imperfecto

querer: quería (*I wanted to; I loved*)
  no quería (*I didn't want to; I didn't love*)

tener: tenía (*I had [ongoing]*)

Fíjate en el uso de estos verbos en «Poema 20». ¿Cómo cambia el poeta el significado de algunos versos al emplear los dos tiempos verbales en situaciones parecidas?

5   Puedo escribir los versos más tristes esta noche.
     Yo la quise, y a veces ella también me quiso.

     En las noches como ésta la tuve entre mis brazos.
     La besé tantas veces bajo el cielo infinito.

     Ella me quiso, a veces yo también la quería.
10   ¡Cómo no haber amado sus grandes ojos fijos!

     Puedo escribir los versos más tristes esta noche.
     Pensar que no la tengo. Sentir que la he perdido.

     Oír la noche inmensa, más inmensa sin ella.
     Y el verso cae al alma[c] como al pasto[d] el rocío.[e]

15   ¡Qué importa que mi amor no pudiera guardarla!
     La noche está estrellada y ella no está conmigo.

     Eso es todo. A lo lejos alguien canta. A lo lejos.
     Mi alma no se contenta con haberla perdido.

     Como para acercarla mi mirada la busca.
20   Mi corazón la busca, y ella no está conmigo.

     La misma noche que hace blanquear[f] los mismos árboles.
     Nosotros, los de entonces, ya no somos los mismos.

     Ya no la quiero, es cierto, pero cuánto la quise.
     Mi voz buscaba al viento para tocar su oído.

25   De otro. Será de otro. Como antes de mis besos.
     Su voz, su cuerpo claro. Sus ojos infinitos.

     Ya no la quiero, es cierto, pero tal vez la quiero.
     Es tan corto el amor, y es tan largo el olvido.

     Porque en noches como ésta la tuve entre mis brazos,
30   mi alma no se contenta con haberla perdido.

     Aunque éste sea el último dolor que ella me causa,
     y éstos sean los últimos versos que yo le escribo.

[c]*soul*   [d]*grass*   [e]*dew*   [f]convertir en color blanco

Después de leer

Actividad A. Interpretaciones

Paso 1. Con un compañero / una compañera, contesten las siguientes preguntas. Deben apuntar citas del poema para luego justificar sus respuestas.

1. ¿Qué le inspiró (inspiraron) al poeta/narrador a escribir el poema?
2. Según lo que Uds. pueden deducir del poema, ¿quién produjo la separación entre los dos, él o ella?
3. ¿Qué referencias hay al aspecto físico de la mujer amada? ¿Qué referencia se menciona con más frecuencia? ¿Por qué creen Uds. que será eso?
4. ¿Está seguro de sus sentimientos el poeta/narrador? ¿O hay algo de incertidumbre en los versos que escribe?
5. ¿Creen Uds. que el poeta/narrador se siente mejor después de escribir los versos? ¿Por qué sí o por qué no?

Paso 2. Comparen sus respuestas con las de otra pareja de estudiantes. ¿Sacaron las mismas conclusiones del poema o son distintas algunas de ellas? Justifiquen sus respuestas con citas del poema.

Actividad B. «Puedo escribir... »

Paso 1. ¡Ahora te toca a ti escribir un breve poema! Vuelve al Paso 2 de la Actividad A en Antes de leer y escoge la terminación del verso que más te gusta. ¿Qué emociones, imágenes o pensamientos le agregarías a tu verso? Escribe cinco versos más (habrá seis en total), usando la estructura de «Poema 20» como modelo.

Paso 2. (Optativo) En un concurso de poemas, todos comparten su poema con el resto de la clase. ¿Cuáles son los poemas más cómicos? ¿los más tristes? ¿los más filosóficos? ¿ ?

Composición

Composición

Actividad. Nuevos horizontes

En el Capítulo 1, escribiste una composición sobre algunos momentos más importantes en tu vida. En esta sección, vas a escribir del *momento decisivo* que, se puede decir, cambió el rumbo de tu destino y te abrió un mundo de nuevos horizontes.

Paso 1. Piensa en un momento crítico de tu vida y haz un bosquejo de la información necesaria. ¿Qué pasó? ¿Cuántos años tenías? ¿Dónde vivías? ¿Cómo surgió ese momento? ¿Era positivo o negativo lo que pasó? En realidad, ¿era un solo momento o era una procesión de momentos que te llevó a cambiar la vida? Y, finalmente, ¿de qué manera te cambió la vida?

Paso 2. Escribe tu composición.

Paso 3. (Optativo) Uno o dos días antes de entregársela a tu profesor(a), intercambia tu composición con la de un compañero / una compañera. ¿Tiene él/ella algunas sugerencias que te pueden ayudar a mejorar la composición? ¿Tienes algunas sugerencias para él/ella? Haz los cambios necesarios en tu composición y luego entrégasela al profesor / a la profesora.

Paso 4. (Optativo) El profesor / La profesora puede leer en voz alta algunas de las composiciones. ¿Pueden Uds. adivinar quién escribió cada una?

¡OJO!

¿Pretérito o imperfecto?

Aquí hay un breve resumen de los usos más básicos del pretérito y del imperfecto. Estos usos te serán útiles para describir tu «momento decisivo».

pretérito:
1. acción cumplida: Esta mañana, **caminé** a la universidad.
2. acción que interrumpe otra: Estaba mirando la tele cuando **sonó** el teléfono.

imperfecto:
1. descripción en el pasado: **Hacía** buen tiempo ese día.
2. acción seguida: Todos los veranos **íbamos** a Puerto Vallarta.
3. la edad / la hora: **Tenía** doce años. / **Eran** las tres de la tarde.

En esta foto, se ve a Ángel Castillo a los veinte años. ¿Dónde estará ahora? ¿Qué profesión ejercerá? ¿Cómo se sentirá después de tantos años sin comunicarse con su familia?

INOLVIDABLE

Volver a empezar

¿**C**ómo se inician las relaciones profesionales, sociales y personales? En el episodio anterior, las cualidades investigativas de Raquel la llevaron a conocer a Arturo Iglesias, psiquiatra y medio hermano de Ángel Castillo. ¿Cómo pueden influir las profesiones de estos dos en la búsqueda de Ángel? ¿Qué tipo de relaciones crees que van a formar los dos: relaciones profesionales, sociales o personales?

Hace muchos años que Arturo guarda rencor hacia Ángel, y piensa que ya es hora de perdonarlo y de volver a empezar relaciones con él. ¿Será esto por influencia de su profesión? ¿O crees que se hizo psiquiatra para entenderse mejor a sí mismo? ¿Y por qué crees que Raquel se hizo abogada?

En cuanto a estos diferentes tipos de relaciones, ¿qué influencia tienen en tu vida y en la vida de los demás? ¿Cómo influye en tu vida personal tu vida profesional o académica y vice versa?

67

El vídeo

El vídeo

En el Episodio 6 del CD-ROM que acompaña *Nuevos Destinos,* hay una variedad de actividades relacionadas con el Episodio 6 del vídeo.

Prepárate para ver el vídeo

Actividad A. Raquel y Arturo se conocen

Paso 1. En el episodio previo, Raquel conoció a Arturo Iglesias, el medio hermano de Ángel Castillo. ¿Cómo fue ese encuentro? ¿Cómo llegaron a conocerse? Haz un bosquejo en el que apuntas la información necesaria para describir lo que hizo Raquel para conocer a Arturo.

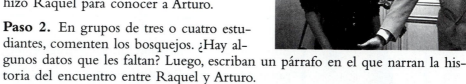

Paso 2. En grupos de tres o cuatro estudiantes, comenten los bosquejos. ¿Hay algunos datos que les faltan? Luego, escriban un párrafo en el que narran la historia del encuentro entre Raquel y Arturo.

Paso 3. Léanles su párrafo a los otros grupos de la clase. ¿Cuál de los grupos narró la historia más completa?

Actividad B. Predicciones

Paso 1. ¿Qué crees que va a pasar en el Episodio 6 de *Nuevos Destinos?* Indica si las siguientes afirmaciones son probables (P) o improbables (I).

P   I   **1.** Arturo y Raquel encuentran a Ángel el primer día de su búsqueda.

P   I   **2.** Ángel tiene muchos amigos en un barrio de Buenos Aires que se acuerdan de él perfectamente.

P   I   **3.** Luis llama a Raquel y deciden reanudar (*to renew*) sus relaciones sentimentales.

P   I   **4.** Lucía intenta comprobar el porqué de la reclamación del gobierno mexicano, pero no puede encontrar problemas de ninguna índole (*type*).

P   I   **5.** Durante la estancia de Raquel en la Argentina, ella y Arturo empiezan a sentirse atraídos el uno por el otro.

Paso 2. Con un compañero / una compañera, comparen sus predicciones. ¿Cuáles de ellas les parecen a Uds. las más probables? ¿Hay alguna predicción que les sorprendería mucho si llegara a pasar en el episodio?

Después de ver el vídeo

Actividad A. Del guión: Lucía investiga La Gavia

Paso 1. Escucha el siguiente segmento del Episodio 6 y contesta las preguntas a continuación.

1. ¿Cuándo compró La Gavia don Fernando?
2. ¿Cuál de los hijos de don Fernando nació allí?
3. ¿En qué condiciones estaba La Gavia cuando don Fernando la compró?
4. ¿Qué hizo don Fernando después de comprarla?
5. ¿Cómo es el estado actual de La Gavia, tanto físico como económico?

Paso 2. Con un compañero / una compañera, comparen sus respuestas.

Paso 3. (Optativo) Con un compañero / una compañera, imagínense que uno/a de Uds. es Lucía y el otro / la otra es abogado/a del gobierno mexicano. El abogado / La abogada tiene algunos datos acerca de la reclamación de La Gavia que no se han revelado antes. ¿Cuáles son esos datos? ¿Tendrán algo que ver con el orfanato? ¿con uno de los hijos de don Fernando? ¿con otra persona? Inventen un diálogo entre los/las dos, en el que comentan esa información y la reclamación.

Actividad B. La búsqueda

Paso 1. ¿Cuánto recuerdas de los acontecimientos que tuvieron lugar en este episodio? Indica a quién o quiénes se refiere cada oración a continuación.

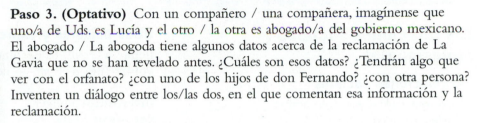

Ángel Castillo, Arturo Iglesias, Mario, el dueño de la tienda de antigüedades (*antiques*), Héctor, José, Raquel Rodríguez

1. Llevan una foto de Ángel de joven.
2. Frecuentaba La Boca, un barrio italiano de Buenos Aires.
3. Perdieron contacto hace muchos años.
4. Pensó en José y llevó a Raquel y Arturo a la casa de él.
5. Su mujer dice que él debe estar en el bar.
6. Siempre ha vivido en ese barrio y conoce a todo el mundo.

Paso 2. Con un compañero / una compañera, comparen y verifiquen sus respuestas.

Actividad C. Raquel y Arturo (Optativo)

Al final del Episodio 6, Raquel recordaba algunos momentos alegres y decisivos de su viaje a la Argentina. Todos estos momentos tenían que ver con Arturo. Acuérdate que al principio del Episodio 5, Raquel miraba con nostalgia una foto de ella y de Arturo. ¿Qué le estará pasando a Raquel estos días?

Paso 1. En grupos de tres o cuatro estudiantes, inventen una breve historia que cuenta las relaciones entre Raquel y Arturo. ¿Volvieron a verse después de la investigación original de Raquel? ¿Se casaron? ¿Hay otras posibilidades?

Paso 2. Compartan su historia con el resto de la clase. ¿Cuál de los grupos inventó la historia más probable? ¿menos probable? ¿Por qué creen Uds. así?

Vocabulario del tema

Vocabulario del tema

Las relaciones sociales y profesionales

Las relaciones sociales

acordarse (ue) de to remember
brindar to make a toast
burlarse de to make fun of
distanciarse to have a falling out; to become estranged
equivocarse to make a mistake
extrañar to miss
reanudar to resume; to renew
romper (con alguien) to break up (with someone)

desconfiado/a suspicious
vergonzoso/a shameful; ashamed

Las relaciones profesionales

contratar to hire
despedir (i, i) to fire
ejercer to practice (*a profession*)
hacerse + *profession* to become a (*profession*)
renunciar a (un puesto) to quit (a position)
tratar (con) to deal (with)

inoportuno/a inopportune, untimely
oportuno/a opportune, timely

Otras palabras y expresiones útiles

llegar a + *inf.* to become, come to do (*something*)
volver (ue) a + *inf.* to do (*something*) over, again

inverosímil unlikely
verosímil likely

Vocabulario de expansión

En español, ciertos verbos van acompañados de una preposición, seguidos por un infinitivo. Aquí hay un breve resumen de algunos de estos verbos.

INFINITIVO + **a**

aprender a	ir a
ayudar a	llegar a
empezar (ie) a	renunciar a
enseñar a	venir a
invitar a	volver (ue) a

INFINITIVO + **de**

acabar de	olvidarse de
acordarse (ue) de	tener ganas de
burlarse de	tratar de
dejar de	

INFINITIVO + **en**

insistir en

Estrategia comunicativa

Más sobre las relaciones sociales

Las siguientes palabras y expresiones también son útiles para hablar de las relaciones sociales. ¿Conoces algunas más?

chismear to gossip
entrometerse to interfere, meddle

celoso/a jealous
mandón/mandona bossy
mimado/a spoiled

Actividad A. Definiciones

Paso 1. Escribe definiciones de cinco de las palabras o expresiones de la lista del Vocabulario del tema. Trata de incluir un ejemplo en cada definición que escribes.

> MODELO: brindar → Esta palabra significa la acción de tomar una bebida a la salud de alguien o de todos. Un ejemplo de esto es «Salud, amor, dinero y tiempo para disfrutarlos».

Paso 2. Léele tus definiciones a un compañero / una compañera. Él/Ella tiene que adivinar la palabra o expresión que describes.

Paso 3. (Optativo) Cuéntale una experiencia personal a tu compañero/a, basándote en algunas de las palabras que definiste en el Paso 1.

> MODELO: Una vez mis amigos me hicieron una fiesta de cumpleaños. Ellos levantaron las copas y me brindaron de una manera graciosa y un poco despectiva...

Actividad B. Del guión: Una llamada inesperada

Paso 1. En este episodio, Raquel recibe una llamada telefónica de Luis, un ex novio suyo de hace muchos años. Primero, escucha la conversación y luego contesta las preguntas a continuación.

1. ¿Cuánto tiempo hace que Raquel y Luis no se hablan?
2. Al parecer, ¿cómo le va el trabajo a Luis?
3. ¿Para qué llama a Raquel Luis?
4. ¿Cómo reacciona Raquel después de colgar? ¿Se alegra de haber hablado con Luis?

Paso 2. ¿Qué le dijo Luis a Raquel en su conversación telefónica? Con un compañero / una compañera, vuelvan a recrear el diálogo entre los dos. No es necesario que el diálogo sea exactamente igual como lo es en el vídeo. Lo importante es tratar de comunicarle sus ideas a la otra persona.

Paso 3. (Optativo) Parece que Raquel y Luis se han distanciado. ¿Cuáles son algunos de los factores que pueden causar el distanciamiento entre dos personas? Con tu compañero/a, comenten este tema, dando ejemplos para apoyar su posición.

Para comentar

¿Qué puede suceder cuando dos colegas profesionales empiezan a formar relaciones amorosas? Con un compañero / una compañera, miren el recorte de una revista española (página 72) y contesten las preguntas a continuación.

Los beneficios...

El 34% de las personas que mantienen una relación con un compañero consideran que es una experiencia personal positiva. Según los expertos, éstos son algunos de los beneficios:

Tiempo ganado.

Resulta una manera bastante racional de conocerse que, además, puede afianzar[a] una relación duradera. «Cuando hablas con alguien en un bar, la persona te intenta vender la imagen que quiere y se tarda en descubrir cómo es realmente», asegura el sociólogo Enrique Gil Calvo.

Antídoto para tímidos.

No hace falta buscar temas de conversación. El trabajo, los colegas, las vacaciones...

Relaciones duraderas.

Compartir un secreto así proporciona unos sólidos cimientos. Mantener una relación en situaciones adversas la fortalece ante las futuras crisis.

Fácil elección.

Sobre todo, si las empresas son grandes. Este tipo de organizaciones permiten conocer a muchas personas.

Pasar muchas horas juntos.

Permite tener un mayor conocimiento de la persona y de cómo afrontará los problemas que surjan en función de cómo solucione los del trabajo.

Normalmente, el rendimiento[b] es mayor.

Las personas están más motivadas para ir a trabajar y no les importan las horas extras.

1. ¿Piensan Uds. que son verosímiles o inverosímiles los beneficios de formar relaciones amorosas con un(a) colega profesional? ¿Por qué sí o por qué no?
2. ¿Cuáles son algunas de las desventajas de formar este tipo de relaciones?
3. Si alguna vez surgiera (*arose*) la oportunidad de salir con alguien con quien Uds. trabajan, ¿lo harían? Si alguno/a de Uds. contestó que no, ¿por qué no lo harías?

---

[a]*strengthen* [b]*performance*

Nota cultural

Las cartas formales

Las cartas formales tienden a tener saludos y despedidas muy elaborados y floridos,[a] especialmente cuando se trata de la esfera de los negocios. Ya conoces algunos de estos saludos y despedidas, presentados en el Capítulo 3.

Un saludo muy usado en el mundo de los negocios es: «(Muy) Estimado señor / Estimada señora» o «Muy señor mío / señora mía». Si se le escribe una carta a una persona que ocupa un puesto gubernamental[b] o eclesiástico, se usan los títulos apropiados de ese puesto: «Su excelencia», «Su eminencia», etcétera.

Las despedidas en las cartas formales son más elaboradas aún: «De usted (Ud.), su atento y seguro servidor / atenta y segura servidora», «Con toda consideración y respeto», «Con mi más sincero agradecimiento, quedo de usted (Ud.) atentamente», etcétera.

¿Conoces algunos saludos y despedidas en inglés que sean tan elaborados como los del español? ¿Cuáles son?

INDUSTRIAS
CASTILLO SAAVEDRA S. A.
Las Almendras No 465 • 20065 Toluca, México
Teléfono: (52) (42) 07 02 66 • Fax: (52) (42) 07 02 68

Toluca, 24 de febrero

Licenciada Lucía Hinojosa Dávila
Goodman, Potter & Martinez
Avenida Chapultepec 870, Colonia Juárez
01020 México, D.F.

Estimada licenciada Hinojosa:
Acabo de recibir la carta que adjunto. No tenemos ninguna idea de los motivos para esta reclamación. Por favor, llámeme en cuanto sepa algo.
Gracias.

Ramón Castillo
Ramón Castillo

---

[a]*flowery* [b]del gobierno

Enfoque oral

Enfoque oral

Actividad. ¿Volver a empezar?

En los últimos dos episodios de *Nuevos Destinos,* te has enterado de que Raquel y Arturo comparten unas relaciones muy especiales —o que por lo menos *compartían* unas relaciones especiales. ¿Qué habrá pasado entre ellos? ¿Qué estará pensando Raquel durante estos momentos difíciles? ¿Será el momento oportuno para Raquel volver a empezar su vida amorosa? En esta actividad, tú y tus compañeros de clase van a debatir este tema.

Paso 1. La clase debe dividirse en dos grupos. Uno de los grupos piensa que Raquel debe tomar las medidas necesarias para reanudar sus relaciones con Arturo. El otro grupo va a proponer que Raquel reanude sus relaciones con Luis.

Paso 2. Cada grupo debe hacer una lista de ventajas y desventajas con respecto a los dos puntos de vista. (Sí, también es necesario hacer una lista de desventajas para tu punto de vista. ¡Debes estar preparado/a para cualquier argumento que proponga el otro grupo!)

Paso 3. Ahora lleven a cabo (*carry out*) el pequeño debate. El profesor / La profesora puede servir de moderador(a) y escribir en la pizarra los puntos de vista propuestos por los dos grupos.

Paso 4. ¿Cuál de los dos grupos produjo el argumento más convincente? ¿Cuáles fueron algunos de sus razonamientos más lógicos y probables? ¿Creen que sería fácil o difícil para Raquel reanudar sus relaciones con cualquiera de los dos hombres?

Estrategia comunicativa

Expresando el desacuerdo

Las siguientes expresiones te pueden servir para expresar el desacuerdo de una forma cortés o para evitar una discusión fuerte con otra persona.

Bueno, en mi opinión...
Es posible, pero no estoy seguro/a.
Puede ser, pero yo creo que...
Pues, depende.
Tal vez. / Quizá(s).
Tal vez tengas razón, pero...

Lectura

Lectura

La escritora española Emilia Pardo Bazán fue una de las más prolíficas del siglo XIX. Con su famoso ensayo *La cuestión palpitante,* introdujo en España el naturalismo francés del novelista Émile Zola. Además de sus ensayos y novelas, también fue autora de unos cuatrocientos cuentos en los cuales destaca una realidad a veces absurda, ridícula y chocante (*startling*) descrita con minuciosa (*minute*) detalle. En su cuento «El encaje (*lace*) roto», Pardo Bazán examina la realidad de una situación social que acaba de una manera inesperada, la cual expone algunos de los aspectos más negativos del ser humano.

Antes de leer

Actividad A. Asociaciones

Paso 1. El cuento «El encaje roto» se trata de lo que pasa antes y después de una boda específica. ¿Qué asocias tú con las bodas? Haz una lista de todo lo que asocias con las bodas, incluyendo las personas que participan en la boda, el sitio donde tiene lugar la ceremonia, cuáles son los ritos y ceremonias que se observan antes y después de una boda, etcétera.

Paso 2. Intercambia tu lista con la de un compañero / una compañera. ¿Tienen Uds. las mismas asociaciones en cuanto a las bodas? ¿De qué maneras difieren sus listas?

Actividad B. Consejos para los novios

Paso 1. Imagínate que tú eres consejero/a matrimonial. Un novio (*groom*) / Una novia (*bride*) tiene algunas dudas sobre la persona con quien está comprometido/a (*engaged*). Por eso, va a tu oficina para pedirte consejos antes de que se case. ¿Qué te preguntará él/ella? ¿Cómo le responderías tú? Inventa por lo menos tres dudas o inseguridades que tendrá él/ella y apúntalas en una hoja de papel aparte. Luego, en *otra* hoja de papel, escribe los consejos que tú le darías a esas tres preguntas.

Paso 2. Con su lista de preguntas, tu compañero/a y tú deben hacer turnos desempeñando el papel del novio / de la novia y el del consejero / de la consejera. **¡OJO!** No deben leerle a su compañero/a la lista de sugerencias que escribieron en el Paso 1.

Paso 3. ¿Cómo respondió tu compañero/a a las dudas e inseguridades del novio / de la novia? Léele a tu compañero/a las sugerencias que escribiste en el Paso 1. ¿Cómo se asemejan o difieren los consejos que escribiste con los que te dio tu compañero/a? ¿Qué revelan estos consejos sobre el punto de vista que Uds. tienen sobre el matrimonio?

El encaje roto (resumido)

Invitada a la boda de Micaelita Aranguiz con Bernardo de Meneses, y no habiendo podido asistir, grande fue mi sorpresa cuando supe al día siguiente que la novia, al pie del altar, al preguntarle el Obispo si recibía a Bernardo por esposo, soltó[a] un «no» claro y enérgico. El novio,
5   después de soportar[b], por un cuarto de hora, la situación más ridícula del mundo, tuvo que retirarse, terminando así la reunión y la boda a la vez...

Todo esto, dentro de la vida social, constituye un terrible drama. Y en el caso de Micaelita, además de drama, fue un enigma. Nunca llegó
10   a saberse de cierto la causa de la súbita[c] negativa.

Micaelita se limitaba a decir que había cambiado de opinión y que era libre de volverse atrás, aunque fuera al pie del altar. Los íntimos de la casa se devanaban los sesos[d] emitiendo toda clase de suposiciones. Lo indudable era que todos vieron, hasta el momento fatal, a los novios
15   satisfechos y enamoradísimos; y las amiguitas que entraron a admirar a la novia minutos antes del escándalo, decían que estaba muy contenta, y tan ilusionada y satisfecha, que no se cambiaría por nadie.

A los tres años, cuando ya casi nadie se acordaba de lo sucedido en la boda de Micaelita, me la encontré en un balneario[e] de moda. Una
20   tarde, paseando, Micaelita me reveló su secreto, afirmando que me permitía divulgarlo,[f] en la seguridad de que explicación tan simple no sería creída por nadie.

—Fue la cosa más tonta. La gente siempre atribuye los sucesos a causas profundas y trascendentales, sin ver que a veces nuestro destino
25   lo fijan las niñerías,[g] las cosas más pequeñas. Ya sabe usted que mi boda con Bernardo parecía reunir todas las condiciones y garantías de felicidad. Además, confieso que mi novio me gustaba mucho y creo que estaba enamorada de él. Lo único que sentía era no poder estudiar su carácter: algunas personas lo juzgaban violento; pero yo lo veía siem-

---

[a]*let loose*   [b]*enduring*   [c]*inesperada*   [d]*se... racked their brains*   [e]*health spa*   [f]*revelarlo*   [g]*cosas tontas, de niños*

30 pre cortés, tierno,[h] y temía que adoptara apariencias destinadas a engañarme y a encubrir una fiera[i] y avinagrada[j] condición. Intenté someter[k] a varias pruebas a Bernardo, y salió bien de ellas; su conducta fue tan correcta que llegué a creer que podía confiarle sin temor alguno mi porvenir[l] y mi dicha.[m]

35 Llegó el día de la boda. Al ponerme el traje blanco me fijé una vez más en el magnífico encaje que lo adornaba, y que era regalo de mi novio. Había pertenecido a su familia y era una maravilla, de un dibujo exquisito, perfectamente conservado. Bernardo me lo había regalado, hablándome de su gran valor. Al llegar al salón, en cuya puerta me es-
40 peraba mi novio, fui a saludarlo, llena de alegría. El encaje se enganchó en[n] un hierro[o] de la puerta, con tan mala suerte, que al quererme soltar oí el ruido peculiar del desgarrón,[p] y pude ver que un pedazo del magnífico adorno colgaba[q] sobre la falda. Sólo que también vi otra cosa: la cara de Bernardo contraída y desfigurada por la ira más viva; su boca
45 entreabierta ya para proferir la reconvención y la injuria.[r] No llegó a hacerlo porque se encontró rodeado de gente; pero en aquel instante fugaz[s] se alzó un telón[t] y detrás apareció desnuda[u] su alma. El júbilo con que había llegado al salón se cambió en horror profundo. Bernardo se me aparecía siempre con aquella expresión de ira, que acababa de
50 sorprender en su rostro; esta convicción se apoderó de mí, y con ella vino otra: la de que no podía, la de que no quería entregarme a un hombre así, ni entonces, ni jamás. Y sin embargo, fui acercándome al altar, me arrodillé,[v] escuché las exhortaciones del Obispo. Pero cuando me preguntaron, la verdad salió de mis labios, impetuosa, terrible.
55 Aquel «no» brotaba[w] sin proponérmelo; me lo decía a mi misma... ¡Para que lo oyeran todos!

—¿Y por qué no declaró usted el verdadero motivo, cuando tantos comentarios se hicieron?

—Lo repito: por su misma sencillez. Preferí dejar creer que había ra-
60 zones de ésas que llaman serias.

---

[h]cariñoso [i]salvaje [j]amarga (*lit.* de vinagre) [k]*to subject* [l]futuro [m]felicidad [n]*se... was caught on* [o]*piece of iron* [p]*ripping* [q]*hung* [r]*para... to hurl insults and injuries* [s]rápido, breve [t]*se... a curtain was raised* [u]*naked* [v]*me... I knelt* [w]aparecía

Después de leer

Actividad A. Comprensión

Indica si las siguientes oraciones sobre el cuento son ciertas (C) o falsas (F). Si son falsas, modifícalas para que sean ciertas.

C F **1.** La narradora fue una de las personas sorprendidas en la iglesia cuando Micaelita rehusó (*refused*) a Bernardo como esposo.

C F **2.** Aunque Micaelita les declaró a todos el verdadero motivo de su decisión, nadie se lo creía.

C F **3.** En el cuento, la novia indica que creía que estaba enamorada de su novio.

C F **4.** Bernardo se puso furioso al ver que el magnífico encaje que adornaba el vestido de su novia se había roto.

C F **5.** Micaelita le indicó a la narradora que soltó el «no» porque Bernardo la insultó en frente de algunos invitados.

Actividad B. Interpretaciones

Paso 1. En grupos de tres o cuatro estudiantes, contesten las siguientes preguntas sobre el cuento. Si es posible, deben citar pasajes del cuento para justificar sus respuestas.

1. En su opinión, ¿qué tipo de persona era Micaelita? ¿Y Bernardo?
2. ¿Creen que la reacción de Micaelita hacia la ira de su novio fue apropiada? ¿Cómo creen que habría sido diferente la vida de ella si se hubiera olvidado del asunto y contestado «sí» al pie del altar?
3. ¿Cómo habrían reaccionado Uds. si fueran Bernardo? ¿Se habrían sentido furiosos/as, tristes, humillados/as... ? ¿Por qué?
4. Y Uds., ¿creen que nadie habría creído en el motivo verdadero de Micaelita? Piensen en cómo debieran haber sido las normas sociales en la España del siglo XIX en comparación con las modernas. Ahora bien, ¿creen que nadie lo creería hoy en día? Expliquen.

Paso 2. (Optativo) ¿Has asistido a una boda u otra ocasión social en la que ocurrió un incidente de tipo ridículo o humillante? Comenta lo ocurrido con el resto de la clase: ¿Dónde estabas? ¿Qué pasó? ¿Quién fue el/la responsable del incidente? ¿Cómo se sentían los demás después de que ocurrió? ¿Había repercusiones que duraron mucho tiempo?

Composición

Actividad. En el extranjero

Imagínate que tienes la oportunidad de volver a empezar tu vida en otro país. ¿Por qué lo harías? ¿Adónde te irías? ¿Cómo lo harías? En esta sección, vas a escribir una composición sobre este tema.

Paso 1. Piensa en algún país adonde te gustaría irte para empezar una nueva vida. ¿Qué atracciones tiene ese país? ¿Cómo es el clima allí? ¿Qué lengua(s) se habla(n) allí? ¿Cómo ganarías la vida? ¿Sería fácil o difícil dejar tu empleo, tus amigos y/o parientes aquí en este país? Basándote en estas preguntas y otras más, haz un bosquejo en el que reúnes los datos necesarios para escribir tu composición. No te olvides de apuntar también el porqué de tu decisión de irte a vivir a otro país y cómo piensas que va a ser esa experiencia.

Paso 2. Escribe tu composición.

Paso 3. Uno o dos días antes de entregársela a tu profesor(a), intercambia tu composición con la de un compañero / una compañera. ¿Tiene él/ella algunas sugerencias que te pueden ayudar a mejorar la composición? ¿Tienes algunas sugerencias para él/ella?

Paso 4. Haz los cambios necesarios en tu composición y luego entrégasela al profesor / a la profesora.

Lucía llama a Raquel desde México, D.F., para pedirle consejos sobre el caso de la familia Castillo. Como Raquel conoce a la familia y tiene mucha experiencia investigativa, Raquel le da algunas sugerencias muy beneficiosas. ¿Pero, quién le dará consejos a Raquel sobre la carta misteriosa que tiene en la mano? ¿De quién será la carta?

CONSEJOS

¿Cómo nos ayudamos los unos a los otros?

Cómo nos ayudamos los unos a los otros? En los episodios anteriores, Raquel recibió la ayuda de varias personas en distintos países. Y José, un marinero en Buenos Aires, les dijo a Raquel y a Arturo que hablaran con Héctor, porque era posible que éste supiera el paradero (*whereabouts*) de Ángel Castillo. ¿Cómo va a influir en la búsqueda de Ángel este nuevo consejo?

¿A quiénes acudes (*do you turn to*) cuando necesitas ayuda? ¿Qué tipo de consejos recibes tú? ¿Cómo pides esa ayuda? ¿Quiénes te piden consejos a ti con más frecuencia? ¿Cómo ayudas a los demás?

El vídeo

El vídeo

Prepárate para ver el vídeo

Actividad A. El episodio anterior

En el Episodio 7 del CD-ROM que acompaña *Nuevos Destinos,* hay una variedad de actividades relacionadas con el Episodio 7 del vídeo.

Paso 1. Indica si las siguientes afirmaciones sobre el episodio anterior son ciertas (C) o falsas (F). Si son falsas, modifícalas para que sean ciertas.

C   F   **1.** Lucía está preocupada porque los dueños de La Gavia no han pagado sus impuestos.

C   F   **2.** Raquel se entera de que Luis, un ex novio, está otra vez en Los Ángeles y lo llama por teléfono.

C   F   **3.** Arturo y Raquel van a La Boca, un barrio italiano en Buenos Aires, en busca de alguien que conozca a Ángel.

C   F   **4.** Hay mucha gente en La Boca que recuerda con cariño a Ángel.

C   F   **5.** Parece que Raquel y Arturo se sienten cada vez más atraídos el uno al otro.

C   F   **6.** Raquel y Arturo averiguan que no hay nadie en La Boca que pueda ayudarlos a localizar a Ángel.

Paso 2. (Optativo) Con un compañero / una compañera, hagan un resumen más completo del Episodio 6, incluyendo tantos detalles como puedan.

Actividad B. Predicciones

Paso 1. Las siguientes imágenes muestran algunas escenas del Episodio 7. Con un compañero / una compañera, hagan predicciones sobre lo que va a pasar en este episodio, basándose en las cuatro imágenes.

1.

2.

3.

4.

San Juan, 8 de noviembre de 1960

Querido Héctor:

Quiero agradecerte la recomendación que me diste para trabajar de marinero. Estuve casi un año en el barco y fue una experiencia interesante.

Pude ver Francia, Inglaterra y Alemania. También visité España, pero descubrí que ya no había nada para mí en mi tierra natal. Pero tenías razón; no soy un verdadero marinero.

Paso 2. Comparen sus predicciones con las de otra pareja de estudiantes. ¿Son semejantes sus predicciones o son muy distintas?

Paso 3. Después de ver el Episodio 7, verifiquen sus respuestas.

Después de ver el vídeo

Actividad A. Héctor Condotti

Paso 1. Indica si las siguientes afirmaciones sobre el encuentro entre Raquel, Arturo y Héctor son ciertas (C) o falsas (F). Si son falsas, modifícalas para que sean ciertas.

Héctor…

C F **1.** conoció a Raquel y a Arturo en el puerto.
C F **2.** dice que Ángel era un buen amigo suyo.
C F **3.** también dice que Ángel se embarcó hace muchos años, posiblemente a África.
C F **4.** le da a Arturo una carta de Ángel.
C F **5.** necesita un par de días para buscar algo.
C F **6.** no encuentra nada que ayude a Raquel y a Arturo con su búsqueda.

Paso 2. (Optativo) Con un compañero / una compañera, inventen un diálogo entre Héctor y Ángel en el que éste se despide de su buen amigo para siempre. ¿Cómo sería la despedida? ¿Sería triste? ¿alegre? ¿ ?

Actividad B. Del guión: Lucía pide consejos

Paso 1. Al final del Episodio 7, Lucía llama a Raquel para pedirle consejos sobre el caso de la familia Castillo. Escucha la siguiente conversación y contesta las preguntas a continuación.

1. ¿Por qué está «perdida» Lucía?
2. ¿Por qué acude a Raquel Lucía?
3. ¿Cuáles son los dos consejos que Raquel le da a Lucía?
4. ¿Está satisfecha Lucía con los consejos que Raquel le da? ¿Cómo lo sabes?

Paso 2. ¿Notaste algunas expresiones de cortesía que usó Lucía cuando llamó a Raquel? Escucha la conversación otra vez y apúntalas.

Paso 3. Con un compañero / una compañera, comparen las expresiones de cortesía que apuntaron. ¿Las apuntaron todas?

Actividad C. Del guión: ¡A Puerto Rico! (Optativo)

Paso 1. Lee la siguiente conversación entre Raquel y Arturo.

ARTURO: Tal vez yo podría ir a Puerto Rico y los dos continuar la búsqueda de Ángel.

RAQUEL: ¿Quieres decir que irías a Puerto Rico?

ARTURO: ¿Te gustaría?

RAQUEL: ¡Claro que sí! ¡Mucho! Pero, ¿tú puedes?

ARTURO: Creo que sí.

RAQUEL: ¿Y tu trabajo? ¿Tus pacientes?

ARTURO: Bueno, no sería fácil dejar todo. Pero yo quiero ir.

Paso 2. Imagínate que tú eres Arturo y tienes que prepararte para ir a Puerto Rico a ver a tu medio hermano, con quien perdiste contacto hace muchos años. ¿Qué preparativos necesitas hacer? ¿A quiénes debes llamar? ¿Vas a llevar algo a Puerto Rico para regalarle a tu hermano? Escribe un párrafo en el que describes cómo vas a organizarte para viajar a Puerto Rico.

Vocabulario del tema

Vocabulario del tema

Pidiendo consejos

aconsejar to advise
acudir a to turn to (*for advice, help*)
agradecer (agradezco) to thank
alentar (ie) to encourage
amonestar to reprimand; to warn
confortar to comfort
exhortar (a) to urge, incite (to)

indagar to investigate
regañar to scold
solicitar (ayuda) to ask for (help)
sugerir (ie, i) to suggest

Cognados: consolar, recomendar (ie), resolver (ue), solucionar
Repaso: ayudar, socorrer

¡OJO!

Pidiendo o dando consejos: los complementos indirectos y el subjuntivo

Cuando les pides consejos a los demás, en muchos casos es necesario usar pronombres del complemento indirecto.

¿**Me** puedes recomendar un plan de acción?

A la hora de darles consejos a otros, muchas veces será necesario usar el subjuntivo, además de usar pronombres del complemento indirecto.

Te sugiero que lo **pienses** mejor.

Actividad A. Sinónimos

Paso 1. Empareja cada palabra de la columna a la derecha con un sinónimo apropiado de la columna a la izquierda.

1. _____ regañar
2. _____ alentar
3. _____ agradecer
4. _____ solicitar ayuda
5. _____ indagar
6. _____ aconsejar

a. animar
b. acudir a
c. sugerir
d. amonestar
e. dar las gracias
f. investigar

Paso 2. Con un compañero / una compañera, inventen cuatro oraciones personales en las que usan palabras del Paso 1.

MODELO: Con frecuencia mi esposo me aconseja cuando tengo problemas en el trabajo.

Paso 3. (Optativo) Intercambien sus oraciones con las de otra pareja de estudiantes y háganse preguntas basadas en ellas.

MODELO: ESTUDIANTE 1: ¿Qué tipo de problemas tienes en el trabajo?
ESTUDIANTE 2: Muchas veces mi jefa no me toma muy en serio cuando hago sugerencias para...

Con un compañero / una compañera, lean el siguiente recorte de una revista hispánica internacional y contesten las preguntas a continuación.

1. ¿Creen Uds. que las estadísticas mencionadas en el recorte representan fielmente las actividades de los estadounidenses? ¿Por qué sí o por qué no?
2. ¿Por qué creen que los japoneses tienen más tiempo libre que los estadounidenses, aunque aquéllos trabajan más?
3. ¿Qué le aconsejarían a alguien que desea tener más tiempo libre en su horario? ¿Le aconsejarían que dejara de trabajar tanto? ¿que se esforzara más para disfrutar de la vida? ¿ ?

Los japoneses, aunque trabajan 52 horas semanales por 44 de los estadounidenses, tienen más tiempo libre que éstos. Los primeros consagran[a] 68 horas para la higiene personal (incluido el sueño) por 71 de los norteamericanos. En los trabajos domésticos, éstos consumen 17 horas y en Japón se dedican nada más 4. Pasan ambos un tiempo equivalente (unas 22 horas) ante el televisor; en actividades sociales en USA se consumen 15 horas por 8 en Japón. ◗

---

[a]dedican

Nota cultural

«¿Pudiera decirme... ?»

Gran parte del arte de la comunicación consiste en saber cómo conversar con los demás de una manera civil y cortés. Como se sabe, se puede usar mandatos o pedidos[a] directos para pedirle favores a alguien. Pero en español hay otras maneras de suavizar los pedidos que se les hace a los demás.

El uso del condicional y del imperfecto de subjuntivo es muy común en estas situaciones. Compara las siguientes oraciones.

mandato directo: «Déme el número del Sr. Buñuel, por favor.»
pedido suavizado: «¿Podría darme el número del Sr. Buñuel, por favor?»

pedido directo: «Quiero dos estampillas, por favor.»
pedido suavizado: «Quisiera dos estampillas, por favor.»

Si te queda duda alguna sobre cómo debes pedirle un favor a alguien, es siempre mejor ser más formal que informal.

---

[a]requests

Actividad B. Situaciones

Paso 1. Con un compañero / una compañera, inventen tres situaciones en las que sería necesario el uso de tres de las expresiones de cortesía a continuación. (Pueden modificar las expresiones de cortesía para dirigirse a una persona a quien tratarían de Ud.)

MODELO: Alguien faltó a la última clase de español. Necesita llamar a un compañero de clase para pedirle información sobre la tarea, pero son las diez de la noche.

EXPRESIONES DE CORTESÍA:

Disculpa la molestia, pero…	No es ninguna molestia.
Discúlpame, pero…	No te preocupes.
¿Me podrías hacer el favor de… ?	
Siento molestarte, pero…	
Tengo que pedirte un favor.	

Paso 2. Ahora, inventen diálogos basados en las situaciones que imaginaron en el Paso 1.

Paso 3. (Optativo) Intercambien sus situaciones con las de otra pareja de estudiantes. Todos deben crear diálogos basados en las situaciones de la otra pareja. ¿Cómo se asemejan o difieren los diálogos de los dos grupos?

Enfoque oral

Enfoque oral

Actividad. Consejos

En este capítulo, has explorado el tema de cómo pedir y dar consejos. En esta actividad, vas a trabajar con un compañero / una compañera para crear un diálogo en el que uno/a de Uds. pide consejos y el otro / la otra sirve de consejero/a.

Paso 1. Con tu compañero/a, escojan una situación en la que se piden y se dan consejos entre dos personas. A continuación hay algunas sugerencias.

- consejero universitario / consejera universitaria y estudiante
- padre/madre e hijo/a
- psicólogo/a y paciente
- líder religioso y feligrés/feligresa (*parishioner*)
- ¿ ?

Paso 2. ¿Cuál es el problema que Uds. van a tratar? ¿Tiene una solución fácil o más difícil? ¿Hay más de una solución al problema? Desarrollen esa situación, haciendo el papel de las dos personas. Si la necesitan, solicítenle ayuda a su profesor(a) con vocabulario específico relacionado con el problema.

Paso 3. Presenten su diálogo ante la clase.

Paso 4. (Optativo) Entre todos, comenten lo siguiente: ¿Cómo resolvieron los problemas los varios grupos? ¿Lo harían los otros grupos de una manera distinta? ¿Cómo lo harían? ¿Había un problema que quedó sin solución alguna? ¿Cómo lo resolverían los otros grupos?

Lectura

La escritora mexicana Rosario Castellanos (1925–1974) se dedicó a varios géneros literarios, entre ellos la poesía, la novela y el teatro. La mayoría de su obra literaria se caracteriza por el tema de la mujer y de su situación en el mundo. Se puede decir que su obra es abiertamente feminista, pero con un buen sentido del humor y ternura (*tenderness*) hacia sus protagonistas. En su poema «Válium 10», de la colección *Poesía no eres tú* (1972), Castellanos describe la situación de una mujer moderna que ha perdido el control de su vida y que requiere la ayuda de pastillas (*pills*) para poder seguir funcionando.

Antes de leer

Actividad A. Nuestros problemas

Paso 1. Con un compañero / una compañera, hagan una lista de las varias maneras en que las personas pueden solucionar o evitar los problemas de la vida cotidiana (*everyday*). Pongan esas ideas en dos categorías: las positivas y las negativas.

Paso 2. Intercambien su lista con la de otra pareja de estudiantes. ¿Qué tienen en común las dos listas? ¿En qué difieren?

Paso 3. (Optativo) Con tu compañero/a, escriban un breve párrafo en el que describen la mejor y la peor manera, en la opinión de Uds., de solucionar la mayoría de los problemas de la vida. Expliquen las razones por las cuales piensan así.

Actividad B. El Válium

Paso 1. Con un compañero / una compañera, compartan sus ideas sobre el Válium. ¿Qué es? ¿Para qué se usa? Incluyan también los efectos que esa droga produce en las personas.

Paso 2. ¿Creen Uds. que hay algunas situaciones en las que sea apropiado tomar una droga como el Válium? ¿Conocen Uds. otras drogas que tengan más o menos el mismo efecto que el Válium y que se tomen en semejantes circunstancias? ¿Cuáles son esas drogas y para qué se toman?

Paso 3. (Optativo) ¿Qué le recomendarían Uds. a una persona adicta al Válium o a otra droga? ¿Conocen a alguien así? ¿Qué (no) han hecho para ayudar a esa persona?

Válium 10

A veces (y no trates
de restarle^a importancia
diciendo que no ocurre con frecuencia)
se te quiebra la vara con que mides,^b
5 se te extravía la brújula^c
y ya no entiendes nada.
El día se convierte en una sucesión
de hechos incoherentes, de funciones
que vas desempeñando por inercia y por hábito.

10 Y lo vives. Y dictas el oficio^d
a quienes corresponde. Y das la clase
lo mismo a los alumnos inscritos que al oyente.^e
Y en la noche redactas el texto que la imprenta
devorará mañana.
15 Y vigilas (oh, sólo por encima)
la marcha de la casa, la perfecta
coordinación de múltiples programas
—porque el hijo mayor ya viste de etiqueta^f
para ir de chambelán^g a un baile de quince años
20 y el menor quiere ser futbolista y el de en medio
tiene un póster del Che^h junto a su tocadiscos.

---

^aquitarle   ^bse... *your measuring stick breaks*   ^cse... *your compass goes off course*   ^ddictas... *you assign the job*   ^epersona que asiste a una clase sin recibir una nota oficial   ^fde... de manera formal
^g*escort*   ^hErnesto «Che» Guevara (1928–1967), revolucionario argentino

Y repasas las cuentas del gasto y reflexionas,
junto a la cocinera, sobre el costo
de la vida y el ars magna[i] combinatoria
25   del que surge el menú posible y cotidiano.

Y aún tienes voluntad para desmaquillarte[j]
y ponerte la crema nutritiva y aún leer
algunas líneas antes de consumir[k] la lámpara.

Y ya en la oscuridad, en el umbral[l] del sueño,
30   echas de menos lo que se ha perdido:
el diamante de más precio, la carta
de marear,[m] el libro
con cien preguntas básicas (y sus correspondientes
respuestas) para un diálogo
35   elemental siquiera con la Esfinge.[n]

Y tienes la penosa sensación
de que en el crucigrama[o] se deslizó[p] una errata
que lo hace irresoluble.

Y deletreas[q] el nombre del Caos. Y no puedes
40   dormir si no destapas[r]
el frasco[s] de pastillas y si no tragas[t] una
en la que se condensa,
químicamente pura, la ordenación del mundo.

---

[i]*ars… great (work of) art (Latin)* [j]*quitarte el maquillaje (makeup)* [k]*apagar (fig.)* [l]*threshold* [m]*carta… navigational chart* [n]*Sphinx* [o]*crossword puzzle* [p]*se… slipped* [q]*you spell* [r]*no… you don't uncap* [s]*jar* [t]*no… you don't swallow*

Después de leer

Actividad A. Comprensión

Paso 1. Contesta las siguientes preguntas sobre el poema, dando ejemplos para apoyar sus respuestas.

1. ¿Qué profesión ejerce la mujer descrita en el poema? ¿Ejerce más de una?
2. ¿Crees que ella está casada? ¿Por qué sí o por qué no?
3. ¿Tiene ella mucho dinero? ¿Cómo lo sabes?
4. ¿Cómo son sus hijos? ¿Te parecen comunes y corrientes (*ordinary*)?

Paso 2. Compara tus respuestas con las de un compañero / una compañera. ¿Sacaron las mismas conclusiones del poema?

Actividad B. Sugerencias

Paso 1. Con un compañero / una compañera, hagan una lista de las sugerencias que le darían a la mujer del poema. ¿Cómo debe enfrentarse ella con cada uno de los momentos descritos en el poema? ¿Creen que su situación es poco normal o que es semejante a la de muchas personas?

Paso 2. Basándose en su lista de sugerencias, escriban una breve carta a la mujer, indicando lo que debe hacer para mejorar la situación en que se encuentra.

Paso 3. (Optativo) Imagínense que la persona descrita en el poema fuera un hombre. ¿Le darían los mismos consejos que le dieron a la mujer en el Paso 1? ¿Por qué sí o por qué no? Si le darían consejos distintos, ¿cuáles serían?

Composición

Actividad. Una carta de recomendación

En el Episodio 7, se entera de que, hace muchos años, Héctor recomendó a Ángel para el puesto de marinero. ¿Quiénes te han recomendado para algún puesto u oficio? ¿Has hecho tú una recomendación por parte de alguien? En esta composición, vas a escribir una carta de recomendación para un compañero / una compañera de clase.

Paso 1. ¿Para qué necesitas una carta de recomendación? ¿Quieres conseguir un empleo? ¿estudiar en otro país? ¿conseguir una beca (*scholarship*)? Piensa en un destinatario para la carta de recomendación que va a escribir tu compañero/a.

Paso 2. Con tu compañero/a, entrevístense para sacar información y detalles. ¿Cuáles son los atributos especiales que Uds. tienen? ¿Qué los/las hace únicos/as?

Paso 3. Ahora escribe la carta. Debes ser convincente. Trata de usar las expresiones de cortesía que has aprendido en este capítulo y en los capítulos anteriores.

Paso 4. Antes de entregarle la carta a tu profesor(a), muéstrasela a tu compañero/a. ¿Acertaste en todos los detalles? ¿Está de acuerdo tu compañero/a con lo que escribiste? Haz los cambios necesarios en la carta y entrégasela a tu profesor(a).

Paso 5. (Optativo) El profesor / La profesora va a leer algunas de las cartas de recomendación en voz alta, pero sin decir los nombres de las personas recomendadas. ¿Pueden adivinar a quiénes se describen en las cartas?

CAPÍTULO

ocho

*Raquel finalmente lee
la carta que recibió de
Buenos Aires. ¿De qué se tratará la carta? ¿Por qué tendrá esa cara de
angustiada Raquel? ¿Habrá malas noticias?*

COMO PEZ FUERA DEL AGUA

En el extranjero

8

La historia de *Nuevos Destinos* parece ser una de inmigrantes: don Fernando nació en España y se mudó a México; Rosario se fue de España a la Argentina para empezar una nueva vida allí; y en el episodio anterior, se supo que Ángel se había embarcado de la Argentina a Puerto Rico para volver a empezar su vida allí. También se sabe que los padres de Raquel son inmigrantes de México, igual que la familia de Lucía.

¿Qué quiere decir ser inmigrante? ¿Cuáles son las dificultades que los inmigrantes experimentan (*experience*)? ¿Es fácil o difícil adaptarse a una nueva cultura? ¿Qué efectos tiene esta adaptación con respecto a las relaciones que los inmigrantes tienen con los demás? ¿Conoces a algunos inmigrantes o grupos de inmigrantes en la región donde vives tú? ¿Qué sabes de su vida como inmigrantes?

El vídeo

El vídeo

Prepárate para ver el vídeo

Actividad A. El episodio anterior

En el Episodio 8 del CD-ROM que acompaña *Nuevos Destinos,* hay una variedad de actividades relacionadas con el Episodio 8 del vídeo.

Paso 1. ¿Te acuerdas de lo que pasó en el Episodio 7? ¿Qué hicieron en Buenos Aires Raquel, Arturo y Héctor? Con un compañero / una compañera, hagan una lista de todos los acontecimientos del episodio que puedan.

Paso 2. Intercambien su lista con la de otra pareja de estudiantes. ¿Recordaron todos los detalles?

Actividad B. Predicciones

Paso 1. A continuación hay algunas fotos de acontecimientos del Episodio 8. ¿Quiénes son estas personas? ¿Dónde estarán? ¿De qué estarán hablando? Con un compañero / una compañera, hagan predicciones basadas en las fotos.

1.   **2.**   **3.**

Paso 2. Después de ver el episodio, verifiquen sus respuestas.

Después de ver el vídeo

Actividad A. En Puerto Rico

Paso 1. Con un compañero / una compañera, contesten las siguientes preguntas sobre la llegada de Raquel a Puerto Rico. También deben apuntar tantos detalles como puedan.

1. ¿A quién conoció Raquel en la Calle del Sol? ¿Qué información importante le dio a Raquel esta persona?
2. ¿A quién conoció Raquel en el cementerio? ¿Por qué es importante esta persona en la historia?
3. ¿Qué le dice a Raquel esta persona sobre su familia? ¿Por qué le puede ser útil a Raquel en su investigación?

Paso 2. Con tu compañero/a, inventen tres preguntas sobre la llegada de Raquel a Puerto Rico y háganselas a otra pareja de estudiantes. ¿Cuánto recuerdan ellos del episodio?

Actividad B. Del guión: Raquel conoce a Ángela

Paso 1. En este episodio, Raquel conoce a Ángela y le cuenta a ésta las razones por las cuales está en Puerto Rico. Escucha la siguiente parte de la conversación entre ellas y contesta las preguntas a continuación.

1. ¿Qué acaba de descubrir Ángela? ¿Cómo reacciona ella?
2. ¿A quiénes va a llamar Ángela? ¿Por qué crees que quiere compartir esta información con ellos?
3. Raquel descubre la existencia de otro pariente de Ángela que, se supone, tiene más o menos la misma edad que ella. ¿Quién es esa persona?
4. ¿Qué tipo de relaciones tenía el padre de Ángela con su suegra? ¿Por qué crees que tenían ese tipo de relaciones?

Paso 2. ¿Cómo reaccionarías tú ante noticias semejantes a las que recibió Ángela? Con un compañero / una compañera, comenten lo que Uds. harían si se encontraran en una de las siguientes situaciones.

Descubres que tienes…

- una hermana que vive en tu ciudad
- un tío millonario que vive en un país lejano
- un primo, un actor famoso
- otro padre, tu padre verdadero, que está encarcelado (*in jail*)

Paso 3. (Optativo) En grupos pequeños, comenten lo siguiente: ¿Creen Uds. que Ángel se adaptó bien a su nuevo país? Justifiquen las razones por las cuales piensan así.

Actividad C. Del guión: Lucía queda perpleja (*perplexed*)

Paso 1. Escucha el siguiente segmento del Episodio 8 e indica si las siguientes oraciones son ciertas (C) o falsas (F). Si son falsas, modifícalas para que sean ciertas.

C   F   **1.** Lucía lee una carta de Arturo Iglesias.
C   F   **2.** El codicilo (*codicil, attachment to a will*) del que sabe Lucía es para los nietos puertorriqueños de don Fernando.
C   F   **3.** Ramón y Raquel ya le han mencionado el segundo codicilo a Lucía.
C   F   **4.** Lucía va inmediatamente a La Gavia para hablar con Ramón.
C   F   **5.** Lucía le pide a Marina, su secretaria, que se comunique por fax con Raquel.
C   F   **6.** También Lucía quiere que Raquel le mande la cinta con el resto de la historia.

Paso 2. Compara tus respuestas con las de un compañero / una compañera. Si les quedan dudas, justifiquen sus respuestas.

Actividad D. Como pez fuera del agua

Paso 1. En este episodio, Raquel lee la carta que Arturo le manda desde Buenos Aires. Y, desafortunadamente, las noticias no son muy buenas. ¿Qué le escribe Arturo a Raquel? Apunta todos los detalles que puedas sobre el contenido de la carta.

Paso 2. ¿Qué opinas de la decisión de Arturo? Con un compañero / una compañera, hagan una lista de los posibles problemas que Arturo pueda tener al adaptarse a una vida nueva en los Estados Unidos. Después, escriban dos oraciones a favor de su decisión y dos en contra.

Paso 3. Comparen sus oraciones con las de otra pareja de estudiantes. ¿Tienen Uds. las mismas ideas o son diferentes? ¿Qué piensan todos de la decisión de Arturo de quedarse un rato más en la Argentina?

Paso 4. (Optativo) Imagínense que Arturo había llamado a Raquel por teléfono en vez de escribirle una carta. Con el mismo compañero / la misma compañera, escriban esa conversación telefónica. Presenten el diálogo en forma dramática ante la clase.

Vocabulario del tema

Vocabulario del tema

En el extranjero

La inmigración

añorar to miss, be homesick for
aportar to contribute
asimilar to assimilate
desterrar (ie)/exiliar to exile
experimentar to experience
Cognados: adaptarse a, emigrar, inmigrar

el/la ciudadano/a citizen
el/la exiliado/a person in exile
el/la extranjero/a ⎫
el/la forastero/a ⎬ foreigner
el/la refugiado/a refugee

Otras palabras y expresiones útiles

la tarjeta verde green card
el visado / la visa visa

bilingüe bilingual
como pez fuera del agua like a fish out of water

Vocabulario de expansión

- ¿Sabes la diferencia entre el significado de las palabras **emigrar** e **inmigrar**? Explícala brevemente.
- **¡OJO!** En el uso típico del español, el verbo **experimentar** es un cognado falso. ¿Cuáles son algunos términos en español equivalentes al inglés *to experiment*?

Nota cultural

La Telefónica

En el mundo hispánico, y en España principalmente, existe un método único[a] para hacer llamadas de larga distancia: la oficina de la Telefónica. Te vas allí para hacer tus llamadas y te ofrecen un servicio telefónico completo. Por ejemplo, si no sabes el número de la persona con quien quieres hablar, o si no sabes el código especial para llamar a otro país u otra región, los empleados de la Telefónica te lo pueden suministrar[b] todo. Una vez que se averiguar el número o el código, los empleados te lo marcan. Es fácil y conveniente, y la cuenta se paga allí mismo. Este concepto, al parecer, se ha hecho popular recientemente en los barrios hispánicos de Nueva York, donde los hispanos pueden mantenerse en contacto con sus familiares en distintas partes del mundo.

---

[a]*unique* [b]*administer*

Actividad A. Definiciones

Paso 1. Escribe definiciones de las siguientes palabras.

1. añorar
2. asimilar
3. desterrar
4. inmigrar
5. el refugiado
6. el forastero

Paso 2. Compara tus definiciones con las de un compañero / una compañera. ¿Estás de acuerdo con las definiciones que escribió él/ella?

Paso 3. (Optativo) Con tu compañero/a, escriban definiciones de otros tres términos de la lista de Vocabulario del tema y léanselas a otra pareja de estudiantes. ¿Pueden ellos/as identificar las palabras definidas?

Para comentar

Las siguientes secciones del «recorte» de una revista aparecen en el vídeo y el CD-ROM de *Nuevos Destinos*. En el recorte se encuentra información sobre el pasado de don Fernando. Con un compañero / una compañera, lean el recorte y contesten las preguntas a continuación.

Algunos no volvieron
Los exiliados de la Guerra Civil hablan

Fernando Castillo Saavedra nació en Bilbao, España, pero vivió en la ciudad vasca[a] de Guernica hasta 1937, año en que los nacionales atacaron esa ciudad durante la Guerra Civil española. Fernando estaba en Guernica cuando ocurrió el horrible bombardeo que arrasó[b] la ciudad; él sobrevivió de milagro. Con muchas cicatrices[c] en el cuerpo y en el alma emigró a México, tan pronto como pudo, después del bombardeo. Se fue con temor y con pena, pensando volver a su patria al terminar la guerra. Pero Franco ganó la guerra y México ganó el corazón de este vasco. Fernando Castillo Saavedra es otro español que nunca volvió a su patria.

Hoy día, Fernando Castillo se considera tan mexicano como español, sin olvidar su herencia vasca. Después de más de cuarenta años de exilio, a este industrial del acero todavía le tiembla la voz cuando habla de España, así como su cara muestra cariño y agradecimiento siempre que habla de México.

1. Si Uds. tuvieran que emigrar de su país natal por razones políticas y nunca pudieran volver a esa tierra, ¿adónde se irían? ¿Por qué?
2. ¿Qué extrañarían más de su patria? ¿A su familia y a sus amigos? ¿El estilo de vida? ¿ ?

---

[a]*Basque*   [b]*leveled*   [c]*scars*

Actividad B. La carta de Arturo

Paso 1. A continuación está la carta que Arturo le escribió a Raquel. Léela y apunta algunos detalles que muestran la añoranza que siente Arturo por Buenos Aires y la incertidumbre sobre su vida en Los Ángeles.

el 23 de febrero

Querida Raquel:

Perdona que no te haya llamado antes. Te escribo esta carta porque es más fácil ordenar mis ideas así. Sé que si hablo contigo puedo perder la fuerza de voluntad para tomarme este tiempo de introspección.

La conferencia psiquiátrica fue muy buena y mi ponencia[a] tuvo una gran aceptación. Tanto fue así, que me han ofrecido una oferta de trabajo tentadora[b] en un hospital psiquiátrico muy importante donde podría hacer trabajo de investigación. No la he aceptado, pero me ha tentado, pues profesionalmente me interesa más que mi trabajo en Los Ángeles.

Tuve otra sorpresa durante la conferencia: mi ex-mujer estaba allí. Tiene dos pibes[c] guapísimos. Fue muy agradable hablar con ella, como si no hubiéramos tenido un divorcio tan turbulento. ¡Las vueltas que te da la vida!

Raquel, estoy confundido. Yo te echo de menos muchísimo y esta separación me resulta difícil después de haber compartido tantos momentos maravillosos contigo. Pero yo siento un vacío en mi vida que no acabo de resolver. Tú tienes toda tu vida en Los Ángeles: tu exitosa carrera, tus amigos, tus padres, tus raíces. Sin embargo, allí yo me siento con frecuencia como pez fuera del agua. Aquí en Buenos Aires, me doy cuenta de cuánto echo de menos mi país, mis viejos amigos, mi trabajo en el hospital...

Querida, necesito más tiempo en la Argentina para pensar y es mejor que lo haga aquí. Espero que comprendas la razón de mi silencio y que me perdones. Te llamaré en unos días, y espero tener las ideas más claras.

Compréndeme y perdóname.

Arturo

---

[a]*paper* [b]*tempting* [c]hijos (Arg.)

Paso 2. En grupos de tres o cuatro estudiantes, comenten los detalles que sacaron de la carta. ¿Qué piensan Uds. que debe hacer Arturo? ¿Qué piensan que va a hacer? ¿Qué harían Uds. si se encontraran en tal situación?

Enfoque oral

Actividad. ¿De dónde vinieron mis antepasados?

Como ya se mencionó en este capítulo, la historia de *Nuevos Destinos* está repleta de (*filled with*) casos de inmigración de un país a otro. ¿Eres tú de otro país? Si no, ¿sabes de dónde vinieron tus antepasados? ¿Cuántas generaciones de tu familia nacieron en los Estados Unidos? En esta actividad, vas a explorar este tema y aprender algo de la historia familiar de tus compañeros de clase —¡y hasta quizás algo de *tu* familia que no sabías antes!

Paso 1. Primero, piensa en la historia de tu familia o en tu historia personal. ¿De dónde vinieron tus antepasados? (¿De dónde vienes tú?) ¿Cuándo? ¿Por qué? Si no sabes muchos detalles de la historia de tu familia, trata de hacerles preguntas a algunos familiares para enterarte mejor del tema.

Paso 2. Con un compañero / una compañera, entrevístense para averiguar los detalles de la familia de cada uno/a. (Si alguno/a de Uds. llegó a los Estados Unidos de otro país, indícaselo a tu compañero/a. Así se facilitará mejor la entrevista.) Pueden usar las siguientes preguntas como base de su entrevista.

- ¿De dónde vinieron tus antepasados?
- ¿Cuándo llegaron?
- ¿Qué idioma(s) hablaban?
- ¿Hablas tú ese (esos) idioma(s)?
- ¿Cuáles son algunas comidas asociadas con esa cultura? ¿Sabes prepararlas?
- ¿Cuáles son algunos ritos, costumbres o celebraciones particulares a esa cultura? ¿Los celebras o observas tú?
- ¿ ?

Paso 3. Presenta los resultados de tu entrevista a la clase.

Paso 4. (Optativo) Entre todos, comenten los siguientes temas.

1. ¿Qué grupos étnicos y culturales son representados en la clase?
2. ¿Está bien reflejada la diversidad cultural en la clase? ¿Representa la diversidad de la sociedad en la que Uds. viven?
3. ¿Cuáles son algunas de las razones por las cuales sus antepasados se fueron a este país? ¿Son razones económicas? ¿políticas? ¿personales? ¿ ?

4. ¿Aprendieron Uds. algo de su propia familia que no sabían antes? ¿Qué aprendieron?
5. Y Uds., ¿se han mantenido las costumbres y tradiciones de sus antepasados? ¿Cuáles son las ventajas y desventajas de mantener esas costumbres y tradiciones?

Lectura

El poeta cubanoamericano Gustavo Pérez Firmat (1949–) nació en La Habana, Cuba, pero se crió en Miami, Florida. Recibió su doctorado en la Universidad de Michigan y ahora es profesor en la Universidad de Duke en North Carolina. Su poesía abarca temas diversos, como las relaciones interpersonales y la vida cubanoamericana en los Estados Unidos. Además de libros de poesía, Pérez Firmat también ha publicado libros de crítica literaria. Su poema «Cubanita descubanizada» es de una colección reciente titulada *Bilingual Blues*.

Antes de leer

Actividad. La nostalgia

Paso 1. Imagínate que tuvieras que irte a otro país y vivir allí para siempre. ¿Qué es lo que más extrañarías de tu país natal? Haz una lista de por lo menos cinco cosas, actividades o instituciones que más echarías de menos.

Paso 2. Compara tu lista con la de un compañero / una compañera. ¿Extrañarían Uds. algunas de las mismas cosas? ¿Cuáles son? ¿Por qué las extrañarían?

Paso 3. (Optativo) Escribe un breve párrafo en el que describes cómo crees que sería tu nueva vida en el extranjero. ¿A qué país te irías? ¿Por qué? ¿Crees que podrías encontrar semejanzas entre tu nuevo país y tu país natal? ¿Cuáles serían? ¿Cómo saldrías adelante (*would you cope*) con la pérdida de lo que más echas de menos de tu país?

Cubanita descubanizada

Cubanita descubanizada
quién te pudiera recubanizar.
Quién supiera devolverte
el ron[a] y la palma,[b]
5 el alma y el son.[c]

Cubanita descubanizada,
tú que pronuncias todas las eses*
y dices ómnibus[d] y autobús,
quién te pudiera
10 quién te supiera
si te quisieras recubanizar.

---

[a]*rum* [b]*palm tree* [c]la palabra **son** tiene doble sentido: (1) *sound*; (2) baile cubano popular [d]sinónimo de **autobús** (aquí el poeta se refiere a la gran variedad léxica que existe en el español)

---

*Por lo general, los cubanos *no* pronuncian las eses cuando éstas se encuentran en ciertas posiciones dentro de las palabras.

Después de leer

Actividad A. El juego de palabras

Paso 1. En el poema, Pérez Firmat hace un juego de palabras, usando términos que él mismo inventó. Con un compañero / una compañera, indiquen lo que creen que significan las siguientes palabras.

1. descubanizada
2. recubanizar

Paso 2. Entre todos, lean en voz alta sus definiciones de esas palabras. El profesor / La profesora va a escribir en la pizarra todas las ideas mencionadas. ¿Cuáles son las más verosímiles? ¿las menos verosímiles? ¿Cuál de las definiciones les parece la que el poeta más quiso señalar?

Actividad B.   Temas para discutir

En grupos de tres o cuatro estudiantes, contesten y comenten las siguientes preguntas sobre el poema.

1. ¿Quién será la «cubanita» del poema? ¿Será la madre del poeta? ¿otra parienta? ¿su novia? O en vez de ser una persona, ¿será alguna cosa? Con un compañero / una compañera, comenten el tema.
2. ¿Cuál es el punto de vista del narrador del poema? ¿Creen Uds. que él muestra una actitud positiva hacia la vida en el extranjero? ¿O creen que él siente que las personas como la «cubanita» han perdido una parte intrínseca de su ser?

Composición

Actividad.   La inmigración: Temas para explorar

En este capítulo, has explorado el tema de la inmigración y lo que quiere decir ser inmigrante. ¿Qué piensas tú de los varios temas asociados con la inmigración y los inmigrantes?

Paso 1. A continuación hay tres temas para explorar. Escoge uno de ellos (u otro, si quieres) para desarrollar tu composición.

- Es más fácil para un niño adaptarse a una nueva cultura que para un adulto.
- El bilingüismo y biculturalismo enriquecen la vida de este país.
- Cuando uno se instala en otro país, es necesario asimilarse por completo a la vida y cultura de esa nación.
- ¿ ?

Paso 2. Haz una lista de todo lo que sabes u opinas sobre el tema que escogiste. Puedes usar ejemplos personales o del vídeo de *Nuevos Destinos* para apoyar tu posición. Luego, organiza tu información lógicamente en un bosquejo.

Paso 3. Escribe tu composición y entrégasela al profesor / a la profesora.

Paso 4. (Optativo) Reúnete con otros dos o tres estudiantes que escribieron sobre el mismo tema para comentar las opiniones desarrolladas en sus composiciones. Si algunos de Uds. tienen opiniones distintas, pueden discutirlas en un pequeño debate.

Raquel se siente angustiada por la carta de Arturo. ¿Qué debe hacer ella, salir con Luis o tratar de hablar con Arturo? Lucía le dice que «siempre tenemos opciones». Pero es una decisión muy difícil...

DECISIONES

«Siempre tenemos opciones»

¿**C**ómo decidimos qué hacer en los momentos decisivos de la vida? La historia de *Nuevos Destinos* está llena de decisiones importantes: la de Teresa Suárez de escribirle una carta a don Fernando, la de don Fernando de tratar de localizar a Rosario y a su hijo, la de Arturo de no volver inmediatamente a Los Ángeles...

Cuando uno escoge entre dos o más alternativas, el rumbo de la vida cambia, y a veces para siempre. Cuando nos enfrentamos con una decisión importante, ¿qué podemos hacer para informarnos de la mejor opción? ¿Se debe tomar las decisiones a base de los sentimientos y lo que se siente en el corazón? ¿O se debe pensarlo cuidadosamente y tomar una decisión basada en el pensamiento y en la razón?

El vídeo

El vídeo

En el Episodio 9 del CD-ROM que acompaña *Nuevos Destinos,* hay una variedad de actividades relacionadas con el Episodio 9 del vídeo.

Prepárate para ver el vídeo

Actividad A. La familia de Ángela

Paso 1. En el episodio anterior, Ángela llamó por teléfono a sus tíos para que pudieran conocer a Raquel. A la izquierda hay dos fotos de Olga, una tía de Ángela que vas a conocer en el Episodio 9. A base de las fotos, ¿cómo crees que es? Haz una descripción de ella, usando los adjetivos de la siguiente lista u otros, si quieres.

> MODELO: Creo que la tía Olga es…

Adjetivos: cariñosa, comprensiva (*understanding*), desconfiada (*distrustful*), exigente (*demanding*), extrovertida, grosera (*rude*), leal, mandona (*bossy*), simpática, tacaña (*stingy*)

Paso 2. Compara tu descripción con la de un compañero / una compañera. ¿Creen Uds. que es fácil o difícil describir la personalidad de alguien a base de su foto? ¿Y si hay dos fotos que muestran distintos aspectos de la personalidad de esa persona?

Actividad B. Lucía va a Los Ángeles

Paso 1. En este episodio, Lucía va otra vez a Los Ángeles para hablar con Raquel. A base de lo que averiguaste en el episodio anterior, ¿de qué van a hablar Lucía y Raquel? Con un compañero / una compañera, indiquen si las siguientes afirmaciones son probables (P) o improbables (I).

Lucía y Raquel van a hablar de…

P   I   **1.** los dos codicilos del testamento de don Fernando.
P   I   **2.** la tía Olga.
P   I   **3.** las relaciones entre Raquel y Arturo.
P   I   **4.** las habilidades de Ángel como marinero.
P   I   **5.** la herencia que recibieron Roberto y Ángela.
P   I   **6.** los padres de Raquel.

Paso 2. Después de ver el episodio, verifiquen sus respuestas.

Después de ver el vídeo

Actividad A. El Episodio 9

Paso 1. Contesta las siguientes preguntas sobre los acontecimientos del Episodio 9.

En Los Ángeles…

1. ¿Qué hizo Lucía mientras esperaba a Raquel?
2. ¿Qué sabía Raquel del segundo codicilo del testamento de don Fernando?
3. ¿Qué sugiere Lucía en cuanto a Arturo y el segundo codicilo?

En Puerto Rico…

4. ¿Cómo reaccionó Olga cuando Raquel les contó la historia de don Fernando a los tíos de Ángela?
5. ¿Qué piensa Olga del deseo de Ángela de viajar a México?
6. ¿A quién tiene que consultar Ángela antes de que emprenda (*she embarks on*) el viaje?
7. ¿Dónde vive esta persona?

Paso 2. Compara tus respuestas con las de un compañero / una compañera. ¿Acertaron en todas?

Paso 3. (Optativo) Con tu compañero/a, inventen tres oraciones sobre el Episodio 9: dos ciertas y una falsa. Luego, léanselas a otra pareja de estudiantes. Ellos/as deben indicar cuál de las oraciones es la falsa.

Actividad B. Del guión: Lucía está sospechosa

Paso 1. Escucha parte de la conversación entre Raquel y Lucía y contesta las siguientes preguntas.

1. ¿Cómo describirías el tono de voz que usa Lucía con Raquel? ¿Es amenazante (*threatening*)? ¿acusatorio? ¿desconfiado? ¿desesperado? ¿ ?
2. ¿Cómo describirías el tono de voz que luego usa Raquel? ¿Es defensivo? ¿molesto? ¿frustrado? ¿ ?

¡OJO!

Para expresar la suposición

Para hacer suposiciones o imaginar supuestas acciones, usa la siguiente fórmula: **pudiera** + **haber** + participio pasado.

Raquel **pudiera haberle ocultado** información a Lucía, pero no lo hizo.

Estrategia comunicativa

Ayudando a los demás con sus decisiones

Puedes repasar el vocabulario del Capítulo 7 para aconsejarles a los demás sobre qué decisiones deben tomar en ciertas circunstancias.

3. Aunque Raquel nunca le había dicho nada a Lucía sobre sus relaciones con Arturo, Lucía pensaba que tal vez Raquel pudiera saber algo más del segundo codicilo a causa de él. ¿Qué piensas tú de esta «acusación» de Lucía? ¿Fue justa? ¿injusta? ¿ ?

Paso 2. Compara tus respuestas con las de un compañero / una compañera. ¿Están Uds. de acuerdo?

Paso 3. (Optativo) En este episodio, Lucía tomó una decisión: la de enfrentarse con Raquel para saber más del segundo codicilo. Con tu compañero/a, imaginen otro camino que esta conversación pudiera haber tomado. ¿Cuáles son otras decisiones que Lucía pudiera haber tomado para enterarse mejor sobre el segundo codicilo?

Actividad C. Del guión: Decisiones difíciles

Paso 1. Escucha la siguiente conversación entre Raquel y Lucía y contesta las preguntas a continuación.

1. ¿Parece sorprendida Raquel que Arturo tenga dudas sobre su vida en Los Ángeles? ¿Cómo lo sabes?
2. ¿Qué te parece el consejo que le da Lucía a Raquel? ¿Te parece adecuado? ¿lógico? ¿frívolo? ¿ ?

Paso 2. En grupos de tres o cuatro estudiantes, comenten lo siguiente: ¿Qué harían Uds. si fueran Raquel? A continuación hay algunas posibilidades.

- escribirle una carta a Arturo
- llamar a Arturo por teléfono
- salir con Luis
- ¿ ?

Paso 3. Compartan su decisión con el resto de la clase, explicando por qué harían tal cosa.

**Vocabulario
del tema**

Vocabulario del tema

Tomando decisiones

amenazar to threaten
desconfiar (desconfío) to distrust
desesperarse to despair, lose hope
elegir (i) to choose, select
reconfortar to comfort
Cognados: convencer, decidir, informarse, persuadir

angustiado/a upset
astuto/a clever, shrewd
capacitado/a capable, able
comprensivo/a understanding
cuidadoso/a careful
desamparado/a abandoned, alone
exigente demanding
necio/a foolish

sabio/a wise
tenaz (*pl.* tenaces) tenacious, persistent

Vocabulario de expansión

¿Puedes convertir las siguientes palabras en otras relacionadas?

VERBO	→	ADJETIVO
amenazar		¿ ?
desconfiar		¿ ?
desesperar		¿ ?

ADJETIVO	→	VERBO
comprensivo/a		¿ ?
cuidadoso/a		¿ ?
exigente		¿ ?

Actividad A. Decisiones

Paso 1. Escribe cinco relatos usando cada uno de los verbos a continuación. Las oraciones deben ser de tipo personal, sobre alguna experiencia que hayas tenido en la vida.

MODELO: desesperarse: Una vez me desesperé cuando tenía que tomar el tren hacia la casa de mis padres. Cuando llegué a la estación de trenes, descubrí que no tenía ni un centavo. ¡Me sentía muy desamparada!

1. amenazar   **3.** elegir   **5.** convencer
2. desconfiar   **4.** informarse

Paso 2. Ahora escoge dos relatos personales que requirieron una decisión. Cuéntale a un compañero / una compañera cuál fue tu decisión y cuáles fueron los resultados de esa decisión.

MODELO: Como no tenía dinero, llamé a mi padre para pedirle que enviara dinero por Western Union. Él lo hizo, y llegué a la casa de mis padres sin otro problema.

Para comentar

Busca que te busca

Entre los usuarios de Internet, los 'webs' más frecuentados son los buscadores, los directorios y los medios de comunicación, y sólo un 19% asegura haber comprado a través de la red.

Usos principales de Internet		Buscadores más usados en España	
'WORLD WIDE WEB'	92%	YAHOO	24%
CORREO ELECTRÓNICO	79%	ALTAVISTA	15%
VER VÍDEOS	50%	OLÉ	12%
USO DE OTRO ORDENADOR (TELNET)	45%	LYCOS	9%
AUDIO EN TIEMPO REAL	43%	OZÚ	4%
DISCUSIONES INTERACTIVAS	34%	INFOSEEK	4%
'NEWSGROUPS'	32%	EXCITE	4%
TRANSFERENCIA DE FICHEROS	28%	DÓNDE	3%
		WEBCRAWLER	3%
		MAGELLAN	2%

Fuente: AIMC, 1997.

Con un compañero / una compañera, miren el recorte a la izquierda de una revista española y contesten las preguntas a continuación.

1. ¿Usan Uds. el Internet? ¿Con qué frecuencia? ¿Para qué lo usan?
2. Si nunca han usado el Internet, ¿por qué no? ¿Es por falta de una computadora o por falta de ganas?
3. ¿Cuántos de los buscadores mencionados en el recorte conocen Uds.? ¿Han visto los buscadores en español? Pues, ¡adelante! ¡El mundo hispánico en el Internet los/las espera!

Nota cultural

El Internet

¿**H**as buscado recientemente algún tipo de información en el Internet? ¡Cuántas opciones hay! La comunicación electrónica ha cambiado totalmente la manera en que nos comunicamos con los demás. El alcance[a] y la rapidez del Internet es algo que hasta hace pocos años no era posible.

Los hispanos tampoco han tardado en convertirse en usuarios del Internet. De hecho, hay una gran cantidad de páginas escritas en español procedentes de[b] latinoamericanos, españoles e hispanos estadounidenses. Los temas de es

---

[a]*reach* [b]procedentes... *coming from*

tas páginas también son muy variadas. Hay páginas dedicadas al estudio del español y el uso del idioma, al turismo, a la cocina, a la música, a la política —la lista de ellas es enorme. Ahora es posible y aún fácil entablar[c] un diálogo tanto con hispanos en este país como los de Latinoamérica y España.

---

[c]*to strike up*

Actividad B. Decisiones, decisiones

Paso 1. ¿Por qué decidiste asistir a esta universidad? ¿Tomaste la decisión basándote en tu especialización? ¿en los deseos de tu familia? ¿en la reputación de la universidad? ¿en el programa atlético? ¿ ? Escribe dos o tres oraciones en las que describes el porqué de tu selección universitaria.

Paso 2. Lee tus oraciones en voz alta. El profesor / La profesora va a escribir en la pizarra todas las razones distintas por las cuales Uds. decidieron estudiar en esta universidad. ¿Cuántas razones distintas hay en la clase? ¿Cuáles son las razones más populares?

Paso 3. (Optativo) Imagínate que trabajas en la oficina administrativa de tu universidad. Quieres convencerles a los estudiantes que están en proceso de escoger una universidad a que vengan a la tuya. Escríbeles un breve párrafo en el que les presentas las razones por las cuales deben asistir a esta universidad.

Enfoque oral

Enfoque oral

Actividad. ¿Por qué estudias español?

Es posible que el camino que tomaste hacia el estudio del español esté lleno de decisiones a lo largo de muchos años. Y también es posible que hayas pensado en cómo lo vas a usar en tu vida en el futuro. En esta actividad, vas a explorar las decisiones que tomaste para llegar a este nivel tan avanzado de los estudios del español.

Paso 1. ¿Cuáles son las decisiones que te han conducido a este curso de español? Haz una lista de ellas, empezando posiblemente con la decisión de tomar tu primer curso de español.

Paso 2. Ahora escribe una lista de usos personales para el español en el futuro. ¿Deseas vivir en un país hispanohablante? ¿Quieres usarlo en el trabajo?

Paso 3. En grupos de tres o cuatro estudiantes, compartan las razones por las cuales todos han decidido estudiar el idioma español. ¿Son semejantes o diferentes muchas de las decisiones tomadas por Uds.?

Lectura

La periodista, poeta y narradora mexicana Ángeles Mastretta (1949–) obtuvo su licenciatura en el estudio de comunicaciones en la Universidad Autónoma de México (UNAM). En 1997, ganó el prestigioso Premio Rómulo Gallegos. Hay traducciones de su obra literaria en muchos idiomas, incluyendo el danés y el turco. Este cuento en *Mujeres de ojos grandes* se trata de una mujer que se enfrenta con la monotonía de la vida diaria y que ha encontrado un escape de la rigidez y el tedio de sus relaciones matrimoniales.

Antes de leer

Actividad. Definiciones

Paso 1. Las palabras y expresiones de la columna a la izquierda aparecen en el cuento. Emparéjalas con sus definiciones en la columna derecha.

1. _____ la báscula		a.	*unheard of*
2. _____ desenfrenado		b.	*peaceable*
3. _____ acurrucar		c.	*frantic*
4. _____ una ciudad de cuatro gatos		d.	*to curl up*
5. _____ ensartar		e.	*to thread*
6. _____ apacible		f.	*scales (for weighing)*
7. _____ inaudito		g.	*a one-horse town*
8. _____ el regazo		h.	*lap*

Paso 2. Compara tus respuestas con las de un compañero / una compañera. ¿Están Uds. de acuerdo con las definiciones que emparejaron?

Mujeres de ojos grandes (fragmento)

Hubo una tía nuestra, fiel como no lo ha sido ninguna otra mujer. Al menos eso cuentan todos los que la conocieron. Nunca se ha vuelto a ver en Puebla mujer más enamorada ni más solícita[a] que la siempre radiante tía Valeria.

5   Hacía la plaza[b] en el mercado de la Victoria. Cuentan las viejas marchantas[c] que hasta en el modo de escoger las verduras se le notaba

---

[a]*eager to please*   [b]*la... las compras cotidianas*   [c]*mercaderes*

la paz. Las tocaba despacio, sentía el brillo de sus cáscaras[d] y las iba dejando caer en la báscula.

Luego, mientras se las pesaban, echaba la cabeza para atrás y
10 suspiraba,[e] como quien termina de cumplir con un deber fascinante.

Algunas de sus amigas la creían medio loca. No entendían cómo iba por la vida, tan encantada, hablando siempre bien de su marido. Decía que lo adoraba aun cuando estaban más solas, cuando conversaban como consigo mismas en el rincón de un jardín o en el atrio de la
15 iglesia.

Su marido era un hombre común y corriente, con sus imprescindibles ataques de mal humor, con su necesario desprecio por la comida del día, con su ingrata certidumbre de que la mejor hora para querer era la que a él se le antojaba,[f] con sus euforias matutinas[g] y sus ausencias
20 nocturnas, con su perfecto discurso y su prudentísima distancia sobre lo que son y deben ser los hijos. Un marido como cualquiera. Por eso parecía inaudita la condición de perpetua enamorada que se desprendía de[h] los ojos y la sonrisa de la tía Valeria.

—¿Cómo le[i] haces? —le preguntó un día su prima Gertrudis, famosa
25 porque cada semana cambiaba de actividad dejando en todas la misma pasión desenfrenada que los grandes hombres gastan en una sola tarea. Gertrudis podía tejer[j] cinco suéteres en tres días, emprenderla[k] a caballo durante horas, hacer pasteles para todas las kermesses de caridad,[l] tomar clase de pintura, bailar flamenco,[m] cantar ranchero,[n] darles de
30 comer a setenta invitados por domingo y enamorarse con toda obviedad de tres señores ajenos[o] cada lunes.

—¿Cómo le hago para qué? —preguntó la apacible tía Valeria.

—Para no aburrirte nunca —dijo la prima Gertrudis, mientras ensartaba la aguja[p] y emprendía el bordado de uno de los trescientos
35 manteles de punto de cruz[q] que les heredó a sus hijas—. A veces creo que tienes un amante secreto lleno de audacias.

La tía Valeria se rió. Dicen que tenía una risa clara y desafiante con la que se ganaba muchas envidias.

—Tengo uno cada noche —contestó, tras la risa.
40 —Como si hubiera de dónde sacarlos —dijo la prima Gertrudis, siguiendo hipnotizada el ir y venir de su aguja.

—Hay —contestó la tía Valeria cruzando las suaves manos sobre su regazo.

—¿En esta ciudad de cuatro gatos más vistos y apropiados? —dijo
45 la prima Gertrudis haciendo un nudo.[r]

---

[d]*rinds, skins* [e]*she would sigh* [f]*se... when he felt like it* [g]de la mañana [h]*se... emanated from* [i]lo (mexicanismo) [j]*knit* [k]*set out* [l]*kermesses... charity church fairs* [m]baile español [n]canción típica mexicana [o]*enamorarse... have three affairs in plain sight* [p]*needle* [q]*manteles... cross-stitch tablecloths* [r]*knot*

—En mi pura cabeza —afirmó la otra, echándola hacia atrás en ese gesto tan suyo que hasta entonces la prima descubrió como algo más que un hábito raro.

—Nada más cierras los ojos —dijo, sin abrirlos— y haces de tu
50 marido lo que más te apetezca:[s] Pedro Armendáriz* o Humphrey Bogart, Manolete* o el gobernador, el marido de tu mejor amiga o el mejor amigo de tu marido, el marchante que vende las calabacitas[t] o el millonario protector de un asilo de ancianos.[u] A quien tú quieras, para quererlo de distinto modo. Y no te aburres nunca. El único riesgo es
55 que al final se te noten las nubes[v] en la cara. Pero eso es fácil evitarlo, porque las espantas[w] con las manos vuelves a besar a tu marido que seguro te quiere como si fueras Ninón Sevilla* o Greta Garbo, María Victoria* o la adolescente que florece en la casa de junto.[x] Besas a tu marido y te levantas al mercado o a dejar a los niños en el colegio.
60 Besas a tu marido, te acurrucas contra su cuerpo en las noches de peligro, y te dejas soñar...

Dicen que así hizo siempre la tía Valeria y que por eso vivió a gusto muchos años. Lo cierto es que se murió mientras dormía con la cabeza echada hacia atrás y un autógrafo de Agustín Lara* debajo de la
65 almohada.

---

[s]*guste*   [t]*squashes*   [u]*asilo... rest home*   [v]*clouds*   [w]*las... you scare them away*   [x]*casa... next door*

---

*personas hispánicas famosas

Después de leer

Actividad A. Descripciones

Paso 1. Con un compañero / una compañera, hazles descripciones, tanto físicas como de personalidad, a los tres personajes principales del cuento.

LA TÍA VALERIA	LA PRIMA GERTRUDIS	EL MARIDO

Paso 2. Comparen sus descripciones con las de otra pareja de estudiantes. ¿Están todos de acuerdo con las descripciones?

Actividad B. Suposiciones

Paso 1. Contesta las siguientes preguntas sobre el cuento, dando citas específicas para apoyar tus respuestas.

1. ¿Dónde tiene lugar la acción del cuento, en una ciudad grande o un pueblo pequeño?
2. ¿Conocía a su tía Valeria la narradora?
3. ¿Cuándo se sitúa el cuento, hasta mediados del siglo XX o a finales del siglo XX?
4. ¿Murió la tía Valeria antes o después de su marido?

Paso 2. Compara tus respuestas con las de un compañero / una compañera. ¿Están Uds. de acuerdo?

Paso 3. (Optativo) Es obvio que las relaciones entre Valeria y su marido no tenían nada de especial. ¿Qué piensan Uds. de la decisión que tomó Valeria, la de imaginarse con otros hombres? ¿Creen que ese tipo de fantasía realmente puede hacerle feliz a alguien? ¿Qué creen que pasaría si la historia tuviera lugar a finales del siglo XX? ¿Qué harían Uds. en tal situación?

Composición

Actividad. «Siempre tenemos opciones»

En este capítulo has investigado el tema de las decisiones y cómo nos influyen en la vida. ¿Quieres que alguien te dé consejos sobre una decisión que tú debes tomar? ¿Crees que puedes influir en las decisiones de los demás? En esta sección, vas a trabajar con un compañero / una compañera para ayudarse mutuamente y ofrecerse opciones para resolver el dilema.

Paso 1. Piensa en alguna decisión que debes tomar. (Puede ser una decisión verdadera o una inventada.) Escribe una o dos oraciones en las que describes la decisión pendiente. Luego, intercambia tus oraciones con las de un compañero / una compañera.

Paso 2. Ahora que tu compañero/a te ha «pedido» ayuda con su decisión, piensa en cómo puedes ayudarlo/la. ¿Qué tipo de consejos le puedes dar para llegar a una decisión sabia y que le beneficie a él/ella? Haz una lista de las sugerencias y los consejos pertinentes a las dudas que tiene tu compañero/a.

Paso 3. En uno o dos párrafos, escribe tus consejos y sugerencias.

Paso 4. Antes de entregarle tu composición al profesor / a la profesora, muéstrasela a tu compañero/a. ¿Qué piensa él/ella de tus consejos? ¿Lo/La van a ayudar con su problema? ¿Qué piensas tú de los consejos que él/ella te dio?

*Aquí ves a la abuela,
a los padres y a los
tíos de Ángela y Roberto Castillo Soto. ¿Cuáles son los papeles que
desempeñan (play) los varios miembros de esta familia? ¿Cuáles son
los papeles que tú desempeñas dentro de tu propia familia?*

PAPELES

La dinámica familiar

10

¿**C**uáles son los papeles que se desempeñan dentro de la familia? En el episodio anterior, conociste a Olga Soto, la tía de Ángela. Es evidente que Olga tiene papeles muy definidos dentro de su familia. Y doña Carmen, la abuela de Ángela: ¿cómo influye ella en las decisiones que toman sus hijos y nietos?

¿Cuáles son los papeles que afectan la dinámica familiar? ¿Qué características los definen? ¿Cómo varían los papeles de familia en familia? ¿Cómo describirías los papeles dentro de tu propia familia? ¿Cómo influyes tú en la vida de tus parientes?

El vídeo

El vídeo

Prepárate para ver el vídeo

Actividad A. Ángela y Olga

Paso 1. ¿Qué recuerdas de la personalidad de Ángela y la tía Olga? Haz una lista de los adjetivos que mejor describen a cada una de ellas.

Paso 2. Compara tu lista con la de un compañero / una compañera. ¿Están Uds. de acuerdo con las descripciones de las dos mujeres?

Paso 3. Con tu compañero/a, escriban un breve párrafo en el que comparan y contrastan a estas dos mujeres.

> MODELO: Ángela es… y… En contraste, la tía Olga es…

En el Episodio 10 del CD-ROM que acompaña *Nuevos Destinos,* hay una variedad de actividades relacionadas con el Episodio 10 del vídeo.

Actividad B. Las preguntas de doña Carmen

Paso 1. En el Episodio 10, Raquel y Ángela van a visitar a doña Carmen, la abuela de ésta. ¿De qué se va a tratar esa visita? ¿Por qué quiere conocer a Raquel doña Carmen? ¿Qué información querrá obtener de ella? En grupos de tres estudiantes, hagan una lista de cuatro preguntas que doña Carmen podría hacerle a Raquel.

¡OJO!

¿Tú o Ud.?

Antes de empezar la Actividad B, piensa en las relaciones entre Raquel y doña Carmen. ¿Se conocen ellas? ¿Son de la misma edad? ¿Cómo se dirigirían la una a la otra?

Paso 2. Intercambien sus preguntas con las de otro grupo. Con la información que han obtenido a lo largo de los episodios anteriores, escriban respuestas a las preguntas desde la perspectiva de Raquel.

Paso 3. (Optativo) Lean una pregunta y su respuesta en voz alta. ¿Pueden los demás miembros de la clase añadir algo más a la respuesta?

Actividad C. Los recuerdos de Ángel

Paso 1. En este episodio, Ángela va a obtener más información sobre la vida de su padre. ¿Qué recuerdas tú de las experiencias de Ángel? Con un compañero / una compañera, identifiquen las asociaciones entre los siguientes términos y Ángel. Apunten los detalles más importantes.

la Guerra Civil española	la Argentina
don Fernando	el mar
Rosario	la pintura
Arturo	

Paso 2. Comparen sus respuestas con las de otra pareja de estudiantes.

Después de ver el vídeo

Actividad A. Del guión: ¿Quién habla con quién?

Paso 1. Lee los siguientes fragmentos del Episodio 10. Para cada fragmento, indica cuál de los personajes de la lista a continuación habla y a quién se dirige.

Ángela	Jorge
Arturo	Raquel
doña Carmen	

1. _____ → _____ «Me puedes tutear. El tuteo es más íntimo, ¿no?»

2. _____ → _____ «Tengo malas noticias. Ángel ya… »

3. _____ → _____ « …perdona que interrumpa, pero me parece que tu abuela está de acuerdo en que vayas conmigo a México.»

4. _____ → _____ «Una copa de bodas. El día de su boda, Rosario brindó con esta copa. Ahora, te pertenece a ti.»

5. _____ → _____ «Estoy seguro de que Ángela te habrá hablado mucho de mí. ¿Qué más quieres saber?»

Paso 2. Con un compañero / una compañera, comenten el contexto de cada una de las citas del Paso 1.

Actividad B. Del guión: «Recuerdos»

Paso 1. Escucha el siguiente fragmento del Episodio 10, apuntando los detalles más importantes.

Paso 2. Con un compañero / una compañera, hagan una lista de adjetivos que describen a Ángel, basándose en el fragmento del episodio que escucharon en el Paso 1.

Paso 3. (Optativo) A base de la información que Uds. tienen sobre Ángel, comenten sus ideas sobre el papel que él desempeñaba dentro de sus dos familias, la de la Argentina y la de Puerto Rico. En su opinión, ¿era positivo o negativo el impacto que tenía? ¿Qué tipo de hijo era? ¿Qué tipo de esposo y padre era?

Actividad C. Del guión: Ángela y Jorge

Paso 1. Escucha el siguiente fragmento de la conversación entre Raquel y Lucía, apuntando los detalles sobre Ángela, Jorge y las relaciones entre los dos.

ÁNGELA	JORGE	SUS RELACIONES

Paso 2. Con un compañero / una compañera, escriban seis oraciones sobre Jorge desde la perspectiva de Ángela: tres que describen el principio de sus relaciones y tres que describen sus relaciones actuales.

Al principio, yo creía que…   …pero ahora creo que…

1. _____   4. _____
2. _____   5. _____
3. _____   6. _____

Paso 3. Comparen sus oraciones con las de otra pareja de estudiantes. ¿Son semejantes o diferentes sus oraciones?

Vocabulario del tema

Vocabulario del tema

Los papeles familiares

consentir (ie, i), mimar to spoil (*a child*)
desempeñar un papel to play a role
llevarse bien/mal (con) to get along
  well/poorly (with)

el/la apaciguador(a) peacemaker
el/la aprensivo/a worrier
el/la chismoso/a gossip
el/la consejero/a counselor
el/la cuidador(a) caretaker
el/la rebelde rebel

Cognados: el/la controlador(a), el/la instigador(a), el/la mediador(a), el/la organizador(a)

autoritario/a overbearing
celoso/a jealous
consentido/a, mimado/a spoiled
gracioso/a funny
molesto/a annoying
presumido/a conceited
Cognados: egoísta, extrovertido/a, introvertido/a
Repaso: comprensivo/a

Vocabulario de expansión

Las siguientes frases también te pueden servir para hablar de la dinámica familiar.

abandonar a la familia
conformar a las expectativas (*expectations*)
dedicarse a la familia
desentenderse (ie) de (*to have nothing to do with*) **las obligaciones familiares**
rechazar los consejos
sacrificar los intereses personales
ser el hazmerreír (*laughing stock*) **de la familia**
ser el sabelotodo (*know-it-all*) **de la familia**
ser el sostén (*breadwinner*) **de la familia**
tomar las decisiones importantes

Ángela

Actividad A. ¿Cómo son algunos personajes de *Nuevos Destinos*?

Paso 1. ¿Cómo son los siguientes personajes de *Nuevos Destinos*? Con un compañero / una compañera, apunten las características que más se asocian con cada personaje.

Paso 2. Como se sabe, una persona puede desempeñar varios papeles en la vida. Por ejemplo, un hombre puede ser padre, esposo, hijo, hermano, amigo, colega, etcétera. Con tu compañero/a, comenten los papeles familiares que desempeña cada uno de los personajes del Paso 1, basándose en las características que apuntaron.

doña Carmen

la tía Olga

Ángel

Jorge

Para comentar

En la siguiente tira cómica, se ve a Susanita, una amiga de Mafalda. Con un compañero / una compañera, miren la tira y contesten las preguntas a continuación.

1. ¿Cuál es su impresión de Susanita al ver la tira cómica? Es decir, ¿cómo creen Uds. que es ella?
2. En la tira, se ve a Susanita imaginándose en el papel de madre. ¿Cuál es el papel que a ella no le gustaría desempeñar? ¿Por qué creen Uds. que se siente así?
3. ¿Temen Uds. (*Do you fear*) que vayan a desempeñar algún papel en el futuro que no les gustaría cumplir? ¿Cuál es? ¿Por qué tienen miedo de desempeñar ese papel?

Actividad B. La dinámica familiar

Paso 1. ¿Cómo influyen en la dinámica familiar los distintos papeles que desempeñan los miembros de una familia? ¿Es posible que una instigadora viva felizmente con un apaciguador? Con un compañero / una compañera, escojan tres combinaciones de papeles que probablemente contribuirían a la armonía familiar y tres que probablemente provocarían dificultades. También deben indicar las razones por las cuales Uds. piensan así.

Combinaciones que contribuirían a la armonía familiar:

1. _____ y _____   ¿por qué? _____
2. _____ y _____   ¿por qué? _____
3. _____ y _____   ¿por qué? _____

Combinaciones que provocarían dificultades:

1. _____ y _____   ¿por qué? _____
2. _____ y _____   ¿por qué? _____
3. _____ y _____   ¿por qué? _____

Paso 2. Intercambien su lista con la de otra pareja de estudiantes. ¿Están todos de acuerdo? Comenten las listas, justificando sus respuestas.

Nota cultural

La televisión en los países hispánicos

La televisión es un medio de comunicación bastante popular y difundido por todas partes, y el mundo hispánico no es ninguna excepción. Pero, no todos los hispanos tienen un televisor en casa, especialmente en los pueblos pequeños. Así que a veces se miran los programas en casa de familiares, de amigos, de vecinos, etcétera.

Los hispanos son aficionados de todo tipo de programas. Y tal vez el tipo de programa más popular entre los hispanos sea la telenovela. Las telenovelas en el mundo hispánico gozan de una popularidad inmensa y una gran variedad de temas. Algunos de los temas más populares son los históricos, los religiosos y, sobre todo, los amorosos. A diferencia de las telenovelas estadounidenses, que no parecen terminar nunca y que siguen con actores y personajes distintos, las hispánicas son, por lo general, series que terminan definitivamente.

Actividad C. Los papeles familiares en la tele

Paso 1. En grupos de tres o cuatro estudiantes, escojan un programa de televisión cuyos protagonistas sean miembros de una familia. Hagan una lista de los personajes principales que forman parte de esa familia. Luego, indiquen qué papel desempeña cada personaje. ¿Quién es la persona chismosa? ¿controladora? ¿apaciguadora? ¿ ?

Paso 2. Lean su lista al resto de la clase. El profesor / La profesora va a escribir en la pizarra los programas, personajes y papeles que mencionan los grupos.

Paso 3. ¿Están todos de acuerdo con los papeles y características que se le asignaron a cada personaje? Si hay diferencias de opinión, expliquen su punto de vista.

Enfoque oral

Actividad. Interpretando papeles

En este capítulo, has explorado el tema de los papeles que todos desempeñamos dentro de la unidad familiar. Pero, ¿has pensado en cómo sería una familia cuyos miembros desempeñaran papeles en su extremo máximo? En esta actividad, vas a colaborar con algunos compañeros de clase para representar una escena dramática de una familia llena de estereotipos.

Paso 1. Vas a trabajar en grupos de cuatro o cinco estudiantes. Cada uno/a de Uds. debe escoger el miembro de la familia que quisiera representar (la madre, el padre, la abuela, el hijo, etcétera). Luego, piensa en el papel que desempeña ese personaje dentro de la familia. ¿Es controlador? ¿cuidador? Haz una lista de las características de ese personaje.

Paso 2. Piensa algunos momentos en las relaciones de ese personaje con los demás miembros de su familia. ¿Cómo se lleva con los otros? ¿Qué tipo de comentarios les hará a los demás? Acuérdate que las características de ese personaje deben llegar al extremo máximo de ese tipo de personalidad.

Paso 3. Con los demás miembros de tu grupo, determinen cómo se desarrollará una escena de unos cinco a siete minutos. ¿Tendrá lugar en casa, durante la cena? ¿en un lugar público? ¿Cómo será la interacción de los distintos tipos de personalidad? ¿Qué temas discutirían Uds.? Lo importante es que cada personaje pueda revelar las características asociadas con su papel.

Paso 4. Ahora representen la escena ante la clase. **¡OJO!** No deben mencionar cuáles son los papeles que Uds. están desempeñando.

Paso 5. Después de interpretar cada escena, los demás miembros de la clase deben identificar el papel que cada uno/a de Uds. desempeñó. ¿Fueron convincentes las actuaciones? ¿Había algún papel que nadie pudiera descifrar? ¿Tienen algunos de Uds. un futuro prometedor (*promising*) en el cine o la televisión?

Lectura

Cuando era puertorriqueña, traducción al español de *When I was Puerto Rican*, es una obra autobiográfica de Esmeralda Santiago, escritora y codirectora de una compañía de producción de cine. En esta obra, Santiago relata sus experiencias de niña, comenzando con sus primeros años en una zona rural de Puerto Rico. Luego, ella describe la transición fuerte y drástica que experimentó cuando se mudó a Nueva York. El título de la obra refleja precisamente este cambio a una nueva cultura.

Antes de leer

Actividad A. Definiciones

Paso 1. A continuación hay algunas secciones del cuento. Basándote en el contexto de las oraciones, ¿puedes emparejar las definiciones en la lista de abajo con las palabras y expresiones en letra cursiva?

El día que Papi *desprendió*____[1] el piso, yo le acompañé, llevando un *pote*____[2] donde él ponía *clavos*____[3] que todavía se podían utilizar. Los dedos me *picaban*____[4] del polvo *mohoso*____[5], y cuando lo probé, un sabor seco y metálico me *rizó*____[6] la punta de la lengua. Mami, *parada*____[7] en el *umbral*____[8], *rascándose*____[9] el tobillo con las uñas del otro pie, nos observaba.

En mi voz traté de poner un *ruego*____[10] para que él me pidiera que me quedara. Pero Papi siguió de rodillas sacando clavos del piso con la *horquilla*____[11] del *martillo*____[12], *tarareando*____[13] su cha-cha-chá favorito.

Tiré el pote lleno de clavos contra el piso para que Papi me oyera y me dijera que me quedara con él, pero no lo hizo. *Haroneando*____[14] detrás de Mami, bajamos los tres *escalones*____[15] hacia el *batey*____[16]. Delsa y Norma, mis dos hermanas menores, jugaban en un *columpio*____[17] que Papi había *colgado*____[18] de las *ramas*____[19] de un mango.

Definiciones:
los verbos: *curled; dawdling; humming; hung; itched; scratching; took up, removed*
los sustantivos: *branches; claw; doorway; group of buildings; hammer; nails; pot; request; steps; swing*
los adjetivos: *moldy; standing*

Paso 2. Compara tus respuestas con las de un compañero / una compañera. ¿Están Uds. de acuerdo? Si hay alguna diferencia de opinión, justifiquen sus respuestas.

Actividad B. Recuerdos

Paso 1. ¿Qué recuerdos tienes de tu niñez? ¿Cómo eran los miembros de tu familia, tanto en lo físico como en lo personal? ¿Cómo era tu vivienda? ¿Qué hacías de niño/a? Haz una descripción, incluyendo tantos detalles como puedas.

Paso 2. Con un compañero / una compañera, comenten los recuerdos de Uds. ¿Qué semejanzas hay entre los recuerdos? ¿Qué diferencias hay?

Cuando era puertorriqueña (fragmento)

El día que Papi desprendió el piso, yo le acompañé, llevando un pote donde él ponía clavos que todavía se podían utilizar. Los dedos me picaban del polvo mohoso, y cuando lo probé, un sabor seco y metálico me rizó la punta de la lengua. Mami, parada en el umbral, rascándose
5 el tobillo con las uñas del otro pie, nos observaba.

—Negi, ven acá. Vamo' a buscar leña[a] para el fogón.[b]

—Ahora no, Mami, que estoy trabajando con Papi.

En mi voz traté de poner un ruego para que él me pidiera que me quedara. Pero Papi siguió de rodillas sacando clavos del piso con la
10 horquilla del martillo, tarareando su cha-cha-chá favorito.

—Vente conmigo —ordenó Mami. Papi mantuvo su espalda hacia nosotras. Tiré el pote lleno de clavos contra el piso para que Papi me oyera y me dijera que me quedara con él, pero no lo hizo. Haroneando detrás de Mami, bajamos los tres escalones hacia el batey. Delsa y
15 Norma, mis dos hermanas menores, jugaban en un columpio que Papi había colgado de las ramas de un mango.

—¿Por qué no le dices a ellas que ayuden con la leña?

—¡No me faltes el respeto! —me dio un cocotazo[c]—. Ustedes no se acerquen a la casa mientras su papa está trabajando —advirtió cuando
20 pasábamos cerca de mis hermanas.

---

[a]madera para el fuego [b]fuego [c]golpe en la cabeza

¡OJO!

Para hacer descripciones del pasado

Acuérdate que, para descripciones en el pasado, se necesita usar el imperfecto.

Cuando **tenía** tres años, mi familia **vivía** en Miami. La casa no **era** muy grande…

Después de leer

Actividad A. Los personajes

Paso 1. Describe las relaciones familiares de los personajes que aparecen en el relato. Incluye también los papeles que crees que desempeña cada uno dentro de la familia.

Paso 2. Compara tus respuestas con las de un compañero / una compañera. ¿Están de acuerdo con sus descripciones?

Actividad B. Entre líneas

Paso 1. A veces, lo que no se dice explícitamente es tan importante como lo que se dice. En grupos de tres o cuatro estudiantes, contesten las siguientes preguntas.

1. ¿Por qué creen que Negi quiere trabajar con su padre?
2. ¿Por qué creen que la madre quiere que Negi vaya a buscar leña con ella? ¿Creen que su madre realmente necesita la ayuda o podría tener otra razón por pedirle ayuda?
3. ¿Por qué creen que la madre no les pide a las hermanas de Negi que vayan a buscar leña también?

Paso 2. Lean las ideas del grupo ante la clase. ¿Son semejantes o diferentes las ideas que tienen los grupos?

Paso 3. (Optativo) Aunque Uds. leyeron solamente una selección breve del relato, ¿creen que hay suficiente información para poder formar una hipótesis sobre los papeles que desempeñan los padres de Negi? ¿Cuáles son las características que mejor describen a los padres? Hagan una lista y compártanla con la clase. ¿Están de acuerdo los otros grupos? ¿Por qué sí o por qué no?

Composición

Actividad. Mi familia

¿Cuáles son los papeles que desempeñan las personas de tu familia? En esta sección vas a describir tu dinámica familiar, incluyendo los distintos papeles que desempeñan los miembros de tu familia. Y, claro, ¡tú vas a ser uno de los personajes principales! Debes basar tu relato en una situación familiar en la que hayan participado varios miembros de tu familia. (O, si no puedes pensar en una situación verdadera, puedes inventar una.)

Paso 1. ¿Quiénes participaron en la situación que vas a describir? ¿Participaron tus padres, hermanos o hijos? ¿tíos, primos y abuelos? Para hacer una descripción más concisa, debes incluir sólo a cuatro o cinco personas en total, incluyendo a ti mismo/a. Haz una lista de las personas y el papel (los papeles) que desempeña cada una dentro de tu familia.

Paso 2. Haz un bosquejo de los momentos más importantes del suceso. ¿Qué pasó? ¿Cuándo? ¿Qué hizo y qué dijo cada persona? ¿Cómo reveló su papel dentro de la familia?

Paso 3. Cuando hayas incluido en tu bosquejo la información suficiente como para describir los sucesos y los papeles familiares, escribe el relato.

Paso 4. Antes de entregarle tu relato al profesor / a la profesora, intercámbialo con el de un compañero / una compañera. Háganse sugerencias para mejorar sus relatos. Luego, haz los cambios necesarios a tu relato y entrégaselo al profesor / a la profesora.

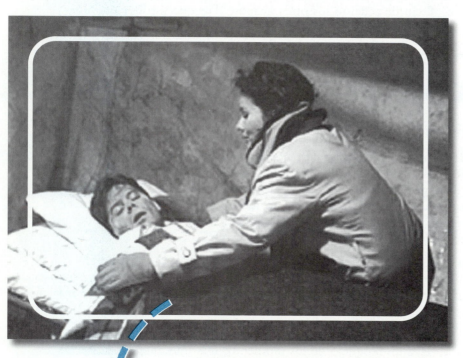

Aunque Ángela y su hermano Roberto se quieren mucho, a veces hay tensiones y conflictos entre ellos, como ocurre con muchos hermanos.* En esta foto, Ángela cuida a Roberto. ¿Qué le habrá pasado a él? ¿Cómo va a influir este suceso en las relaciones entre los dos?

*Acuérdate que **hermanos** puede significar *brothers* o *brothers and sisters (siblings)*.

ENTRE HERMANOS

Las relaciones fraternales

11

¿**C**ómo suelen ser las relaciones entre hermanos? ¿Crees que son, por lo general, estrechas (*close*), como las de don Fernando y Pedro? ¿O son más parecidas a las relaciones entre Ángel y Arturo? En cuanto al tema de las relaciones entre hermanos, se puede decir que realmente no hay generalizaciones que se les aplican a todos.

¿Crees que existe entre hermanos un lazo más fuerte, difícil de encontrar en otras relaciones interpersonales? ¿Qué circunstancias pueden afectar las relaciones fraternales? ¿Tienes tú hermanos? ¿Cómo te llevas con ellos? Si eres hijo único / hija única, ¿te gustaría tener hermanos? ¿Por qué sí o por qué no?

129

En el Episodio 11 del CD-ROM que acompaña *Nuevos Destinos,* hay una variedad de actividades relacionadas con el Episodio 11 del vídeo.

El vídeo

El vídeo

Prepárate para ver el vídeo

Actividad A. Entre hermanos

Paso 1. A continuación hay una lista de nombres de *Nuevos Destinos.* ¿Te acuerdas de quiénes son hermanos? Haz una lista de estas relaciones fraternales.

Ángela	María Luisa (la madre	Roberto
Jaime (Ruiz)	de Ángela)	Miguel (Ruiz)
Carlos (Castillo)	Ramón	Pedro
don Fernando	Olga	Arturo
Mercedes	Ángel	Jaime (Soto)
Juan	Carlos (Soto)	

Paso 2. Compara tu lista con la de un compañero / una compañera. Si hay alguna diferencia de opinión, justifica tu respuesta.

Paso 3. (Optativo) ¿Cuáles de los personajes mencionados en el Paso 1 no sabían que tenían un hermano? Si se te ocurriera una situación así, ¿qué preguntas le harías a tu hermano/a al conocerlo/la por primera vez? Haz una lista de cinco preguntas e intercámbiala con la de tu compañero/a. ¿Cómo contestarías tú las preguntas de él/ella?

Actividad B. ¿Qué le habrá pasado a Roberto?

Paso 1. En este episodio, el tío Jaime llega al hotel de Raquel con unas malas noticias acerca de Roberto. ¿Qué le habrá pasado a Roberto? Con un compañero / una compañera, hagan una lista de las varias cosas que le podría suceder a él.

Paso 2. Compartan su lista con otra pareja de estudiantes. ¿Hay algo sorprendente en la lista de ellos?

Paso 3. Después de ver el episodio, verifiquen sus respuestas. ¿Había grupos en la clase que adivinaron correctamente?

Actividad C. El hermano de Lucía

Paso 1. En este episodio, Lucía va a hablar de su hermano. ¿Qué va a contar ella? Con un compañero / una compañera, indiquen si creen que las siguientes afirmaciones (página 131) sobre el hermano de Lucía son probables (P) o improbables (I). Justifiquen por qué creen así.

El hermano de Lucía…

P   I   **1.** es menor que ella.
P   I   **2.** fue un estudiante pésimo (*horrible*).
P   I   **3.** tuvo problemas emocionales.
P   I   **4.** no recuerda nada de su vida en México.
P   I   **5.** se ha adaptado muy bien a la vida en California.
P   I   **6.** es abogado, como su hermana.
P   I   **7.** está casado ahora y es muy feliz.

Paso 2. Después de ver el episodio, verifiquen sus respuestas.

Paso 3. (Optativo) Raquel no tiene hermanos. Es decir, es hija única. ¿Cuáles son las ventajas de ser hijo único / hija única? ¿Cúales son las desventajas? Con un compañero / una compañera, comenten este tema.

Después de ver el vídeo

Actividad A. En México

Paso 1. ¿Cuánto recuerdas de lo que pasó cuando Raquel y Ángela llegaron a México? Con un compañero / una compañera, contesten las siguientes preguntas.

1. ¿Qué le pasó a Roberto?
2. Al salir del sitio de la excavación, ¿adónde fueron Raquel y Ángela para buscar información sobre Roberto?
3. ¿Por qué pensaba Ángela que su hermano podría haber estado en ese lugar?
4. ¿Quién regresó con Ángela y Raquel al sitio de la excavación?
5. ¿Qué le dijo a Ángela esta persona en cuanto a la situación en que se encontraba?
6. ¿Cómo se encontró Roberto cuando por fin lo rescataron?
7. ¿Adónde lo llevaron después?

Paso 2. Intercambien sus respuestas con las de otra pareja de estudiantes. ¿Están Uds. de acuerdo con las respuestas del otro grupo?

Paso 3. (Optativo) ¿Presenciaste (*Did you witness*) alguna vez una situación grave, semejante al accidente que Roberto sufrió? ¿Qué pasó? ¿A quién(es) le(s) pasó? ¿Qué hiciste tú? ¿Cómo se resolvió la situación? ¿Cómo te afectó? Comparte esa información con tu compañero/a.

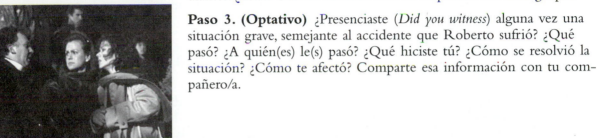

Actividad B. Del guión: ¿Cómo reaccionaron?

Paso 1. ¿Cómo reaccionaron los personajes afectados por el accidente arqueológico? Lee las siguientes citas del episodio. Luego, empareja cada cita con el personaje que la dijo.

1. _____ el Padre Rodrigo
2. _____ Raquel
3. _____ el guardia en la excavación
4. _____ la recepcionista del hospital
5. _____ Ángela
6. _____ el tío Jaime

a. «Todos han pasado por el hospital para ser observados. Algunos ya se fueron a su casa, pero todos están en la lista. No hay ningún Castillo Soto… Mire Ud. misma.»

b. «Ángela, lo que temíamos es cierto. Tu hermano Roberto es una de las personas atrapadas… pero hay esperanzas. Contestan los llamados con golpes en las piedras.»

c. «¡Roberto! ¡Roberto! No, no… ¡Mi hermano!… Yo me quiero quedar… »

d. «Tienes que ir directamente a ver a tu hermano cuando llegues a México… Sucedió un accidente en la excavación.»

e. «Ángela, no te desesperes. Pronto podrás hablar con él. Ya verás.»

f. «En ese caso deben ir al pueblo. Por allá, a no más de quince minutos. En el hospital, le dan información a todos los familiares.»

 Paso 2. Ahora escucha la cinta para verificar tus respuestas. Presta mucha atención al tono de voz de cada personaje.

Paso 3. Según lo que viste y escuchaste, ¿cuál fue la reacción emocional de cada personaje ante el accidente? ¿Comprensión? ¿Desesperación? ¿Preocupación? ¿Ansiedad? ¿ ? Con un compañero / una compañera, comenten cómo fue afectado cada personaje ante la crisis de Roberto.

Actividad C. Del guión: La familia de Lucía

Paso 1. En este episodio, la historia del accidente de Roberto le recordó a Lucía de un susto que le dio su único hermano. ¿Qué recuerdas de lo que Lucía le cuenta a Raquel? Apunta todos los detalles que puedas sobre los miembros de la familia de Lucía.

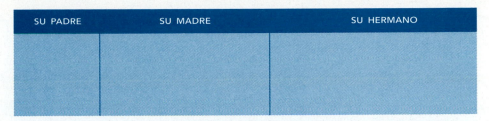

SU PADRE	SU MADRE	SU HERMANO

Paso 2. Haz un mapa semántico sobre la familia de Lucía. A continuación hay un ejemplo.

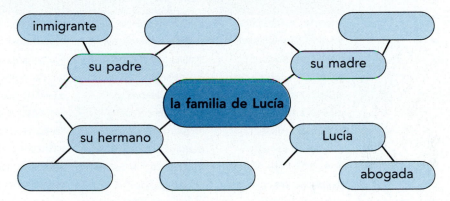

Paso 3. Intercambia tu mapa semántico con el de un compañero / una compañera. ¿Hay algunos detalles que quieres añadir a tu mapa?

Paso 4. Escucha la conversación entre Raquel y Lucía para verificar que hayas sacado todos los detalles necesarios.

Vocabulario del tema

Las relaciones entre hermanos

discutir to argue
entenderse (ie) con to get along with
fiarse (me fío) de alguien to trust, rely on someone
llevarse como perros y gatos to get along like cats and dogs
mofarse de alguien to tease someone
pelear(se) to fight
protegerse mutuamente to protect each other
rivalizar (con) to rival, compete (with)
ser de fiar to be reliable, trustworthy

tenerle envidia (a alguien) to envy (someone)
Cognado: admirar a
Repaso: confiar (confío) en guardar un secreto

el acusón / la acusona tattletale
el benjamín / la benjamina de la familia baby of the family
el hijo / la hija del medio middle child
el hijo / la hija mayor oldest child
el hijo / la hija menor youngest child

Para comentar

El siguiente recorte de una revista es parte de un artículo sobre el orden de nacimiento de los hermanos. Con un compañero / una compañera, léanlo y contesten las preguntas a continuación.

Entre los gemelos, el que es físicamente más grande se suele arrogar[a] los roles propios de un primogénito[b]

¿De tal palo, tal astilla?*

A veces, acontecimientos ocurridos durante la infancia pueden modificar la personalidad derivada del orden de nacimiento. Los expertos han tipificado las causas más comunes:

■ Pérdida de los padres durante la infancia. Los niños suelen tener una regresión para volver a vivir los momentos felices. De adultos viven todas sus relaciones pensando que van a ser abandonados.

■ Nuevo matrimonio de los padres con personas que también tienen hijos o la muerte de un hermano. Los roles asumidos varían bruscamente; el puesto ocupado hasta ese momento es usurpado por otra persona. A largo plazo[c] suelen tener características mixtas.

■ Disminución física o psíquica. Afecta tanto al que la sufre –es demasiado protegido por sus padres–, como a los hermanos –que se colocan en el espacio que el disminuido debería ocupar–.

■ La adopción. Un primogénito adoptado como hijo menor de una familia se comportará como un benjamín.

■ Familias muy numerosas. Cuando hay más de ocho hermanos se realizan subgrupos, por lo que puede haber varios mayores y pequeños al mismo tiempo.

■ Guardería[d] y escuela. Cuando los niños van a las guarderías, los roles familiares previstos para ellos se transforman en función del resto de sus compañeros: un benjamín en casa puede ser al mismo tiempo el primogénito de la guardería.

1. ¿Por qué creen Uds. que un primogénito adoptado como hijo menor de una familia arroga el papel de un benjamín? ¿Cuáles son algunos de los factores que pueden facilitar eso?
2. El recorte describe situaciones provocadas por el medio ambiente y los sucesos que le pasa a uno durante la vida. ¿Creen Uds. que la composición genética también puede influir en los papeles que uno asume dentro de la familia? ¿Cómo?
3. ¿Pueden Uds. relacionarse con alguna de las situaciones descritas en el recorte? ¿Están de acuerdo con la descripción que se da?

---

[a]*assumes*   [b]*firstborn*   [c]*A... In the long run*   [d]*Daycare center*

---

*«De tal palo, tal astilla» es un refrán equivalente al inglés "*A chip off the old block*".

Nota cultural

Más sobre los modismos

En el Capítulo 8, se te presentaron algunos modismos de uso popular en el mundo hispánico. En la lengua española hay una gran variedad de modismos que los hispanos suelen emplear con gracia y acierto.[a] Por lo general, no se puede traducir los modismos a otra lengua palabra por palabra, así que el uso de modismos es más común entre las personas que comparten una base cultural.

Por ejemplo, si una persona está intentando hacer algo imposible, se dice que «está tratando de meter la mar en un pozo». Una persona que «azota[b] el aire» está haciendo algo en vano. Si «tienes muchas manos», eres una persona muy hábil; si «te ahogas[c] en un vaso de agua», tiendes a exagerar tus problemas. Y si alguien anda buscando líos o problemas, puedes decir que «le anda buscando cinco pies al gato».

También hay semejanzas entre algunos modismos en español y en inglés. Pero es interesante notar que, en muchos casos, el orden de las palabras es al revés. Compara lo siguiente.

«llevarse como perros y gatos»	*"to get along like cats and dogs"*
«de pies a cabeza»	*"from head to toe"*
«ve las cosas en blanco y negro»	*"he sees things in black and white"*
«no es nada más que hueso y pellejo»	*"he's nothing more than skin and bones"*

[a]habilidad [b]*beats* [c]*te... you're drowning*

Actividad A. Hablando de hermanos

Paso 1. Las relaciones entre hermanos pueden tener sus aspectos positivos y negativos. Usando la lista del Vocabulario del tema, prepara dos listas: una de las cinco expresiones que tú consideras las más indicativas de las buenas relaciones entre hermanos, y otra, de las expresiones más indicativas de las malas relaciones entre ellos.

Paso 2. En grupos de tres estudiantes, comparen sus listas. ¿Qué expresiones tienen Uds. en común? Si hay diferencias de opinión, comenten el porqué de sus selecciones.

Actividad B.   Hermanos famosos

Paso 1. Con un compañero / una compañera, piensen en una familia en la que haya por lo menos dos hermanos famosos. Apunten los nombres de los hermanos.

Paso 2. Bajo el nombre de cada hermano/a, escriban una lista de palabras o expresiones que Uds. creen que describen la personalidad del individuo. ¿A él/ella le gusta ayudar a los demás o prefiere concentrarse en sus propios asuntos? ¿Puede guardar secretos o los revela? ¿Se lleva bien o mal con otras personas?

Paso 3. A partir de esa información, imagínense cómo serían las relaciones entre esos dos individuos cuando eran niños/as. ¿Creen Uds. que eran buenos amigos / buenas amigas o que se llevaban como perros y gatos? Apunten las ideas que tienen sobre esas relaciones.

Paso 4. Compartan sus ideas con la clase. ¿Están de acuerdo con Uds. sus compañeros?

Enfoque oral

Enfoque oral

Actividad.   Entre hermanos

En este capítulo, has explorado el tema de las relaciones entre los hermanos. En esta actividad, vas a entrevistar a un compañero / una compañera de clase para averiguar cómo son y cómo eran las relaciones entre un grupo de hermanos en su familia.

Paso 1. Con un compañero / una compañera, entrevístense sobre los hermanos en su familia. Si tu compañero/a tiene hermanos, hazle preguntas sobre ellos. Si es hijo único / hija única, pregúntale sobre las relaciones entre sus tíos y padres, sus primos, sus hijos, etcétera. Debes averiguar la siguiente información.

- el nombre y la edad de cada hermano
- el orden de nacimiento de los hermanos
- los adjetivos que mejor describan a cada persona
- cómo se llevaban cuando eran niños y cómo se llevan ahora

Paso 2. ¿Hay algunas conclusiones o generalizaciones que puedes hacer a base de la información que te dio tu compañero/a? Haz un resumen de la entrevista en forma de uno o dos párrafos.

Paso 3. Comparte tu resumen con el resto de la clase. ¿Qué indican las relaciones fraternales de tus compañeros con respecto a la personalidad de ellos? ¿Hay tipos muy concretos entre tus compañeros? Es decir, ¿es obvio que algunos compañeros son benjamines, hijos mayores, etcétera? ¿Qué generalizaciones se puede hacer sobre la personalidad de los hijos únicos de la clase?

Lectura

El argentino Jorge Luis Borges (1899–1986), era una de las figuras más ilustres de la literatura latinoamericana. En «Leyenda», de su colección *Elogio de la sombra* (1969), Borges explora unas de las relaciones fraternales más conocidas: las de Caín y Abel. Borges adapta la historia bíblica hasta incluir un encuentro final entre el hermano vivo y el muerto. En el cuento, el escritor muestra una de sus mayores preocupaciones: las relaciones entre la realidad y la fantasía.

Antes de leer

Actividad A. Caín y Abel

Paso 1. ¿Qué sabes de la historia de Caín y Abel? Con un compañero / una compañera, hagan una lista de todo lo que sepan de ellos y de la historia de ellos.

Paso 2. Todos deben compartir sus ideas con la clase para que el profesor / la profesora pueda apuntarlas en la pizarra. ¿Hay algunos detalles de los personajes y de la historia que Uds. no sabían antes?

Actividad B. «Olvidar es perdonar»

Paso 1. Hay un refrán hispánico muy popular que dice: «Olvidar es perdonar». ¿Qué refrán parecido hay en inglés? (Pista: El equivalente es al revés en inglés.) En grupos de tres o cuatro estudiantes, comenten el refrán con respecto a las relaciones entre hermanos.

Paso 2. ¿Es siempre posible perdonar los agravios (*offenses*) de un hermano / una hermana o hay situaciones en las que el perdón resulta imposible? Completen las siguientes oraciones, dando ejemplos cuando sea posible.

1. Sería muy fácil perdonar a mi hermano/a si él/ella…
2. No sería fácil perdonar a mi hermano/a si él/ella…
3. Sería difícil perdonar a mi hermano/a si él/ella…
4. Sería imposible perdonar a mi hermano/a si él/ella…

¡ OJO !

El imperfecto de subjuntivo

En el Paso 2 de la Actividad B, tendrás que usar el imperfecto de subjuntivo en tus oraciones.

Sería muy fácil perdonar a mi hermana si ella **admitiera**…

Paso 3. Comparen sus respuestas con las de otro grupo. ¿Tienen los dos grupos respuestas parecidas? ¿Hay ejemplos que se encuentran bajo categorías distintas en los dos grupos? ¿Por qué?

Leyenda

Abel y Caín se encontraron después de la muerte de Abel. Caminaban por el desierto y se reconocieron desde lejos, porque los dos eran muy altos. Los hermanos se sentaron en la tierra, hicieron un fuego y comieron. Guardaban silencio, a la manera de la gente
5 cansada cuando declina el día. En el cielo asomaba^a alguna estrella, que aún no había recibido su nombre. A la luz de las llamas,^b Caín advirtió en la frente^c de Abel la marca de la piedra y dejó caer^d el pan que estaba por llevarse a la boca y pidió que le fuera perdonado su crimen.
   Abel contestó:
10 —¿Tú me has matado o yo te he matado? Ya no recuerdo, aquí estamos juntos como antes.
   —Ahora sé que en verdad me has perdonado —dijo Caín—, porque olvidar es perdonar. Yo trataré también de olvidar.
   Abel dijo despacio:
15 —Así es. Mientras dura el remordimiento^e dura la culpa.^f

^aaparecía ^b*flames* ^c*forehead* ^ddejó... *he dropped* ^e*remorse* ^f*guilt*

Después de leer

Actividad A. Comprensión y suposición

Paso 1. Con un compañero / una compañera, contesten las siguientes preguntas, usando citas del cuento para justificar sus respuestas.

1. ¿Dónde se encontraron Caín y Abel? ¿Era de día o de noche?
2. ¿Cómo asesinó Caín a Abel?
3. ¿Perdonó Abel a su hermano?

Paso 2. ¿Qué opinan Uds.? Contesten las siguientes preguntas.

1. ¿Por qué creen Uds. que no se hablaban mucho al principio de su encuentro?
2. ¿Por qué creen que Caín no vio la marca en la frente de su hermano hasta caer la noche y subir las llamas del fuego?
3. ¿Qué creen que quiere decir la última línea del cuento? ¿Qué intenta decir Borges?

Paso 3. Comparen sus respuestas con las de otra pareja de estudiantes.

¿Tienen respuestas semejantes o diferentes? Si hay diferencias de opinión, justifiquen sus respuestas.

Actividad B. Una escena de la fantasía

Paso 1. Con un compañero / una compañera, hablen de algunas situaciones fantásticas en las que los muertos podrían o querrían comunicarse con los seres vivos. ¿Dónde podría tener lugar una escena así? ¿Por qué habría ocasión para comunicarse con entidades del «más allá»? ¿Quiénes serían los personajes? ¿Serían hermanos? ¿amigos? ¿esposos? ¿Qué se dirían ellos?

Paso 2. Escojan una de esas situaciones para representar en forma dramática ante la clase. Preparen un breve diálogo en el que Uds. desarrollan la escena.

Paso 3. Presenten su diálogo a la clase.

Paso 4. (Optativo) La clase puede realizar un concurso dramático, en el que votan por la escena más original, los mejores actores, etcétera.

Composición

Composición

Actividad. una carta a mi hermano/a

Las relaciones entre hermanos pueden ser uno de los lazos más importantes en la vida de ellos. En esta sección, vas a explorar este tema una vez más y escribirle una carta a un hermano / una hermana, real o imaginario/a.

Paso 1. ¿A cuál de tus hermanos te gustaría escribir una carta personal? Si no tienes hermanos, ¿qué le dirías a un hermano / una hermana si tuvieras uno/a?

Paso 2. ¿Qué le quieres decir a tu hermano/a? ¿Le vas a contar de tu vida universitaria? ¿Le vas a revelar un secreto que no le hayas dicho a nadie? ¿Quieres comunicar tus sentimientos hacia esa persona? ¿Quieres exponer algún problema que existe entre Uds.? Haz un bosquejo de todas las cosas que vas a incluir en tu carta.

Paso 3. Haz un borrador de la carta. Cuando lo hayas cumplido, lee el borrador con ojo crítico. ¿Tiene sentido la carta? ¿Has escrito toda la información que querías incluir? ¿Cómo es el tono de la carta? ¿Es positivo o negativo? ¿Es ésa la impresión que querías crear?

Paso 4. Después de hacer los cambios que tú crees que son necesarios, vuelve a escribir la carta y entrégasela al profesor / a la profesora.

Arturo y Pedro se conocen en México. Los dos están muy preocupados por Roberto, aunque ninguno de los dos lo ha conocido todavía. Para ellos, la familia es una parte muy importante de la vida.

VALORES

¿Qué aprecias más en la vida?

¿**Q**ué aspectos de la vida aprecian más los personajes de *Nuevos Destinos*? A don Fernando le importan más la salud y el bienestar de su familia. En este momento, Ángela está muy preocupada por su hermano. A Arturo le gustaría conocer a sus sobrinos porque ellos son el único vínculo que él tiene con Ángel. Es evidente que la familia Castillo aprecia mucho la familia.

¿A qué aspectos de la vida asignas tú mayor importancia? ¿A la familia? ¿A el trabajo? ¿A los estudios? ¿A la salud? ¿A la felicidad? ¿A la religión? ¿Por qué? Y a tus amigos y familiares, ¿qué les importa más? ¿El dinero? ¿Los bienes materiales? ¿Los avances tecnológicos? ¿Cómo influye la sociedad moderna en lo que apreciamos?

El vídeo

El vídeo

En el Episodio 12 del CD-ROM que acompaña *Nuevos Destinos,* hay una variedad de actividades relacionadas con el Episodio 12 del vídeo.

Prepárate para ver el vídeo

Actividad A. Predicciones

Paso 1. A la izquierda hay algunas fotos de acontecimientos del Episodio 12. ¿Qué muestran? Escribe oraciones indicando lo que crees que va a pasar.

Paso 2. Compara tus oraciones con las de un compañero / una compañera. Comenten sus predicciones y por qué creen así.

Paso 3. Después de ver el episodio, verifiquen sus respuestas.

Actividad B. Preguntas

Paso 1. En este episodio, varios personajes van a conocer a nuevos familiares. ¿Qué preguntas les harán los unos a los otros? Con un compañero / una compañera, escriban por lo menos dos preguntas para cada uno de los encuentros que aparecen a continuación.

1. Pedro y Arturo se conocen: ¿ ?
2. Ángela y Roberto conocen a su tío Arturo: ¿ ?
3. Ángela y Roberto conocen a su tío abuelo (*great-uncle*) Pedro: ¿ ?

Paso 2. Intercambien sus preguntas con las de otra pareja de estudiantes. Si Uds. fueran las personas indicadas, ¿cómo contestarían esas preguntas? Escriban sus respuestas en la hoja de papel del otro grupo.

Paso 3. Devuélvanle las preguntas y respuestas al otro grupo. ¿Cómo contestaron ellos/as las preguntas que Uds. hicieron? ¿Están satisfechos/as con las respuestas que dieron Uds.?

Después de ver el vídeo

Actividad A. ¿Cuánto recuerdas?

Paso 1. Contesta las siguientes preguntas sobre el Episodio 12. Debes incluir tantos detalles como puedas en tus respuestas.

1. ¿Qué le dijo la doctora a Arturo en cuanto al estado de salud de Roberto?
2. ¿Cómo se sentían los miembros de la familia Castillo al conocer a Arturo? ¿Se llevaban bien?

1.

2.

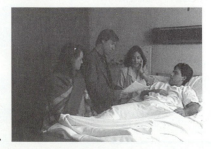

3.

3. ¿Cuál fue la reacción de Arturo cuando conoció a sus sobrinos?
4. ¿Qué le dijo Arturo a Roberto cuando lo conoció?
5. ¿Por qué se peleaban Juan y Pati?

Paso 2. Intercambia tus respuestas con las de un compañero / una compañera. ¿Están Uds. de acuerdo sobre los acontecimientos del episodio?

Actividad B. Del guión: ¿Qué dijeron después?

Paso 1. Primero, lee las siguientes citas del Episodio 12. Luego, escucha la cinta y escribe la letra del fragmento de conversación que oyes al lado de las citas correspondientes.

1. _____ «Es una maravilla, pero no sé qué va a pasar entre nosotros.»
2. _____ «Pero gracias a Raquel, he podido conocer a mis sobrinos, los hijos de Ángel.»
3. _____ «Y yo lo puedo comprobar. Se comió dos desayunos.»
4. _____ «Sí. Yo creo que Uds. deberían hablar con él, prepararlo para que ese momento no sea tan difícil.»

Paso 2. Con un compañero / una compañera, verifiquen sus respuestas.

Paso 3. (Optativo) ¿En qué contexto ocurrió cada conversación? Con tu compañero/a, comenten las conversaciones. ¿Dónde ocurrieron? ¿Quiénes estaban hablando? ¿De quién o de qué estaban hablando ellos?

Actividad C. Del guión: Juan y Pati

Paso 1. Primero, escucha la conversación entre Juan y Pati. Mientras escuches, apunta los detalles más importantes de su conversación.

Paso 2. Basándote en los detalles que apuntaste, escribe un breve resumen de la conversación.

Paso 3. Compara tu resumen con el de un compañero / una compañera. ¿Resumieron Uds. la conversación de manera más o menos igual?

Paso 4. (Optativo) Con tu compañero/a, comenten la conversación entre Juan y Pati, contestando las siguientes preguntas.

1. ¿Cómo reaccionó Juan? ¿Fue lógica su reacción? ¿Por qué creen que reaccionó así?
2. ¿Cómo reaccionó Pati? ¿Fue lógica la reacción de ella? ¿Por qué creen que reaccionó así?
3. En la opinión de Uds., ¿quién tiene razón, Juan, Pati, ambos o ninguno de los dos? ¿Por qué?
4. ¿Qué aspectos de la vida creen Uds. que son más importantes para Juan? ¿para Pati?

Vocabulario del tema

Vocabulario del tema

La calidad de la vida

Cognados: apreciar, estimar, evaluar (evalúo), importar, influir (influyo) (en)

las amistades friendships
los bienes materiales material possessions
el bienestar well-being
la felicidad happiness

el hogar home
el matrimonio marriage
la riqueza wealth
la salud health
la tranquilidad de ánimo / del espíritu peace of mind
Cognados: la afiliación religiosa, la carrera, el estatus social, la fama, el servicio público
Repaso: la familia

Para comentar

A continuación hay una tira cómica de Quino, el creador de Mafalda. Con un compañero / una compañera, miren la tira y contesten las preguntas a continuación.

SÍ, CLARO, MÁS MODERNO. PERO... ¿CON QUIÉN COMENTAS TU VIDA?

1. En la opinión de Uds., ¿qué aprecia más en la vida el agricultor a la derecha?
2. ¿Qué aprecia más en la vida el agricultor a la izquierda?
3. En su opinión, ¿cuál de los dos lleva una vida más saludable? ¿Por qué?
4. ¿Qué creen Uds.? ¿Les importa tener «lo último»? ¿Por qué sí o por qué no?

¡OJO!

Verbos como gustar

Acuérdate que el verbo **importar** funciona como **gustar.**

—¿Qué **te importa** en la vida?
—**Me importan** la salud, la familia, la religión…

Actividad A.   ¿Qué apreciamos?

Paso 1. En tu opinión, ¿cuáles son los aspectos más importantes de la vida? ¿los menos importantes? Apunta tres aspectos en cada una de esas categorías.

Paso 2. Ahora, averigua cómo respondió un compañero / una compañera. ¿Tienen Uds. algunos aspectos en común? ¿Cuáles son?

Paso 3. (Optativo) A menudo las personas son productos de su medio ambiente y de lo que aprenden de otros. ¿A qué atribuyes tus selecciones en el Paso 1? ¿Son el resultado de la influencia de tus padres? ¿tus amigos? ¿tus profesores? ¿tu religión? ¿tu estado económico? ¿tu estatus social? ¿ ? Escribe un breve párrafo en el que describes las cosas o personas que han influido más en tu vida.

Nota cultural

Las cartas en la literatura

El uso de las cartas en la literatura es uno al que muchos escritores han recurrido a través de los siglos. Es una buena manera de comunicar las ideas de forma indirecta.

Entre los españoles que han usado esta convención figura Jose Cadalso (1741–1782). Una de sus obras más conocidas, *Cartas marruecas* (publicada por completo, póstumamente, en 1793), tiene como propósito el intercambio fingido[a] entre dos marroquíes[b] y un español. En las cartas, el marroquí Gazel, que está viajando por España, hace comentarios sobre lo que ve en sus viajes. Los comentarios son, por lo general, críticos de la sociedad y las costumbres españolas de la época. Estas «cartas» ofrecen un vehículo para la crítica, pero de forma indirecta y por medio de personajes imaginarios con valores y costumbres diferentes de la España del siglo XVIII.

---

[a]*feigned, pretend*   [b]personas de Marruecos (*Morocco*)

Actividad B. La vida de los ricos y famosos

Paso 1. ¿Qué les importa a las personas famosas? Con un compañero / una compañera, indiquen cuáles son los dos o tres aspectos de la vida que Uds. creen que más les importan a los siguientes individuos famosos. Si no conocen a estas personas, sustitúyanlas por otras.

1. el presidente
   de los Estados Unidos
2. Madonna
3. Oprah Winfrey
4. Dennis Rodman
5. Howard Stern

Paso 2. Intercambien sus impresiones con las de otra pareja de estudiantes. ¿Están Uds. más o menos de acuerdo o hay grandes diferencias de opinión? Expliquen el porqué de sus impresiones.

Paso 3. (Optativo) ¿Hay alguna persona de la lista con quien compartas las mismas (o muchas) preferencias? ¿Cuál es? ¿Cuáles son los aspectos de la vida que más les importan a los/las dos? Si no te identificas con nadie de la lista, ¿hay otra persona famosa que quizás tenga los mismos valores que tú? ¿Quién es? ¿Cuáles son esos valores?

Enfoque oral

Enfoque oral

Estrategia comunicativa

Los pros y los contras

En un debate, a veces es necesario expresar tu punto de vista por medio de palabras y expresiones transicionales. A continuación hay una lista de ellas que te pueden servir en una discusión.

Para empezar

En primer lugar,…
Primero,…

Para expresar una diferencia de opinión

Al contrario,…
En cambio,…
Por un lado,…
Por otro lado,…
Sin embargo,…

Para terminar

En fin,…
En resumen,…
Finalmente,…

Actividad.   ¿Qué se aprecia en la sociedad moderna?

En este capítulo, has identificado los aspectos de la vida que más aprecias tú. Pero, además de las preferencias personales, ¿cuáles son los aspectos de la vida que se aprecian por lo general en la sociedad contemporánea? En esta actividad, vas a participar en un pequeño debate con tus compañeros de la clase, en el que van a discutir este tema más a fondo.

Paso 1. A continuación hay una lista de algunos aspectos de la vida que son importantes para muchas personas. Ponlos en orden de importancia, del 1 al 14, para indicar el papel que tú crees que tienen estos aspectos en la sociedad estadounidense actual.

_____ la afiliación religiosa   _____ la fama
_____ las amistades   _____ la familia
_____ los bienes materiales   _____ la felicidad
_____ el bienestar económico   _____ el hogar
_____ la carrera   _____ el matrimonio
_____ el estatus social   _____ la tranquilidad de ánimo

Paso 2. Evalúa los siete aspectos más importantes, según tu opinión. ¿Son relacionados muchos de ellos con la vida personal o con la vida profesional? ¿Hay un equilibrio entre las dos? Haz una lista de las razones por las cuales crees que estos aspectos son los más importantes en la sociedad moderna.

Paso 3. En grupos de tres o cuatro estudiantes, comenten los siete aspectos más importantes que Uds. indicaron. ¿Están Uds. más o menos de acuerdo con sus compañeros o hay grandes diferencias de opinión? Comenten el tema, usando la lista de razones que apuntaron en el Paso 2.

Paso 4. (Optativo) El profesor / La profesora puede hacer una encuesta (*survey*) para averiguar cómo respondió la mayoría de la clase y escribir los resultados en la pizarra. ¿Hay un acuerdo general entre Uds. o tienen ideas bastante distintas? ¿Hay un solo aspecto de la vida que Uds. creen que le importa más al estadounidense típico? ¿Cuál es?

Lectura

Lectura

Francisco Jiménez (1943–), es actualmente profesor de español en la Universidad de Santa Clara, en California. Llegó a los Estados Unidos desde México como hijo de trabajadores migratorios, también llamados «braceros». Su cuento «Cajas de cartón», publicado por primera vez en *The Bilingual Review* (1977), se trata de las experiencias de los niños migratorios que, con su familia, van de cosecha (*harvest*) en cosecha para poder sobrevivir. En el fragmento que vas a leer, Panchito, un muchacho de once años, revela su deseo de tener estabilidad en su vida y la frustración que siente al no lograr ese fin.

Antes de leer

Actividad A. La escuela primaria

Paso 1. ¿Qué recuerdas tú de los años en la escuela primaria? ¿Quiénes fueron tus maestros? ¿Cómo eran? ¿Qué materias estudiabas? ¿Quiénes eran tus amigos? Apunta todos los recuerdos de las experiencias que puedas.

Paso 2. Léele tus recuerdos a un compañero / una compañera. ¿Son semejantes las experiencias de él/ella?

Paso 3. Toda la clase debe compartir algunas de sus experiencias. ¿Hay alguna generalización que se pueda hacer sobre las experiencias típicas de alumnos estadounidenses en la escuela primaria? ¿Cuáles son?

Actividad B. Los braceros mexicanos (Optativo)

Paso 1. En grupos de tres o cuatro estudiantes, investiguen las experiencias de los braceros mexicanos en los Estados Unidos. El profesor / La profesora le va a asignar a cada grupo uno o dos de los siguientes temas.

- el acceso a recursos médicos
- el acceso a la educación
- las condiciones de trabajo
- las condiciones económicas
- los lugares de trabajo
- la sobrevivencia de la unidad familiar
- las temporadas de trabajo
- las viviendas

Paso 2. Antes de leer el cuento, cada grupo debe investigar el tema que le fue asignado. Se puede buscar información en la biblioteca o incluso en el Internet.

Paso 3. Comenten la información sobre los braceros que los grupos reunieron. ¿Qué aprendieron Uds. de la vida de los trabajadores migratorios?

Cajas de cartón
(fragmento)

El señor Lema estaba sentado en su escritorio. Cuando entré me miró sonriéndose. Me sentí mucho mejor. Me acerqué a él y le pregunté si me podía ayudar con las palabras desconocidas. «Con mucho gusto», me contestó.

5   El resto del mes pasé mis horas de almuerzo estudiando ese inglés con la ayuda del buen señor Lema. Un viernes durante la hora del almuerzo, el señor Lema me invitó a que lo acompañara a la sala de música. «¿Te gusta la música?», me preguntó. «Sí, muchísimo», le contesté entusiasmado, «me gustan los corridos[a] mexicanos.» Él cogió una

10   trompeta, la tocó un poco, y luego me la entregó. El sonido me hizo estremecer.[b] Me encantaba ese sonido. «¿Te gustaría aprender a tocar este instrumento?», me preguntó. Debió haber comprendido la expresión en mi cara porque antes de que yo le respondiera, añadió: «Te voy a enseñar a tocar esta trompeta durante las horas de almuerzo».

15   Ese día casi no podía esperar el momento de llegar a casa y contarles las nuevas[c] a mi familia. Al bajar del camión[d] me encontré con mis hermanitos que gritaban y brincaban[e] de alegría. Pensé que era porque yo había llegado, pero al abrir la puerta de la chocita,[f] vi que todo estaba empacado en cajas de cartón...

[a]canciones mexicanas típicas   [b]temblar   [c]noticias   [d]autobús   [e]*were jumping*   [f]*little shack*

Después de leer

Actividad A.   Interpretaciones

Paso 1. Con un compañero / una compañera, contesten las siguientes preguntas sobre el cuento.

1. ¿Por qué necesita Panchito ayuda con «palabras desconocidas»?
2. ¿Qué quería enseñarle el Sr. Lema a Panchito? ¿Cómo reaccionó éste y por qué?
3. ¿Cómo es el carácter del Sr. Lema, en su opinión?
4. ¿Qué descubrió Panchito cuando llegó a casa? ¿Qué importancia tiene este acontecimiento?

Paso 2. Comparen sus respuestas con las de otra pareja de estudiantes. ¿Han llegado todos a las mismas conclusiones?

Actividad B. ¿Qué le importa a Panchito?

Paso 1. Las experiencias de un niño como Panchito son, probablemente, muy distintas a las tuyas. ¿Qué crees que más aprecia él en la vida? ¿Los bienes materiales? ¿El hogar? ¿La educación? Haz una lista de todos los aspectos de la vida que crees que Panchito estima. También apunta el porqué de tus decisiones.

Paso 2. Comparte tus ideas con los demás miembros de la clase. En términos generales, ¿qué aspectos aparecen en la mayoría de las listas y cuáles no? ¿Por qué?

Composición

Actividad. Una autoevaluación

Ya has conversado mucho sobre lo que otros aprecian en la vida. También has examinado lo que te importa a ti en la vida. En esta sección vas a explorar el tema más a fondo, haciendo una autoevaluación que se centra en los valores que tienes, comparándolos con los valores que tienen tus parientes, amigos y otros dentro de la sociedad moderna.

Paso 1. Haz una lista de los cuatro o cinco aspectos de la vida que más aprecias. (Puedes basar tu lista en las respuestas que diste en la Actividad A, página 144 del Vocabulario del tema).

Paso 2. Contesta brevemente las siguientes preguntas sobre tu lista.

1. ¿Por qué te importan estos aspectos de la vida?
2. ¿Cuáles son las otras personas en tu vida que los aprecian también?
3. Según los resultados de la Actividad en el Enfoque oral (p. 146), ¿son aspectos que tienen mucha importancia en la sociedad estadounidense actual?

Paso 3. Escribe un bosquejo de los detalles más importantes que piensas incluir en la autoevaluación. Debes incluir la siguiente información.

1. los aspectos que más aprecias y por qué
2. las personas en tu vida que comparten tus valores
3. si eres una persona «típica», según los valores más importantes en la sociedad moderna

Paso 4. Escribe tu autoevaluación. Antes de entregársela al profesor / a la profesora, pídele a un compañero / una compañera de clase que te la revise.

Paso 5. Haz los cambios necesarios según las sugerencias de tu compañero/a y entrégale tu autoevaluación al profesor / a la profesora.

CAPÍTULO

trece

Lucía está preocupada porque no encuentra ninguna información sobre el segundo codicilo del testamento de don Fernando. ¿A quién beneficiaría ese segundo codicilo? ¿Beneficiaría a alguien que no estuviera satisfecho con la herencia? ¿a alguien que tuviera problemas económicos?

DE PREOCUPACIONES A OBSESIONES

La vida moderna

13

¿**P**or qué cosas o por quién(es) te preocupas más? Todos los miembros de la familia Castillo están muy preocupados por la salud de don Fernando. Y ahora don Fernando parece obsesionado por conocer a sus nietos. Desafortunadamente, para la familia Castillo parece que las cosas van de mal en peor: surge un problema serio en la familia, un problema que puede tener graves consecuencias...

¿Cuáles son tus preocupaciones mayores en la vida? ¿Estás preocupado/a por algunos miembros de tu familia? ¿tus estudios? ¿tu carrera? ¿Cuáles son tus obsesiones? ¿Te obsesionas por sacar las mejores notas que puedas? ¿por la salud y el bienestar físico? ¿Eres tú o conoces a alguien adicto/a a algo, como el trabajo, el ejercicio o las sustancias químicas? ¿Cómo reaccionan tú y tus amigos, parientes, etcétera, ante el estrés de las preocupaciones y obsesiones de la vida moderna?

151

El vídeo

El vídeo

En el Episodio 13 del CD-ROM que acompaña *Nuevos Destinos,* hay una variedad de actividades relacionadas con el Episodio 13 del vídeo.

Prepárate para ver el vídeo

Actividad A. Juan y Pati

Paso 1. En el episodio anterior, te enteraste de que, hace cinco años, había problemas matrimoniales entre Juan y Pati. ¿Recuerdas cuáles fueron esos problemas? Haz dos listas: una en la que describes las preocupaciones mayores de Juan y otra en la que describes las de Pati.

LAS PREOCUPACIONES MAYORES DE JUAN	LAS PREOCUPACIONES MAYORES DE PATI

Paso 2. Compara tus listas con las de un compañero / una compañera. ¿Apuntaron Uds. todas las preocupaciones posibles?

Paso 3. Uds. ya saben que Juan y Pati resolvieron sus problemas y que ahora son una pareja más estable —¡hasta tienen un niño pequeño! ¿Cómo creen Uds. que salieron de los problemas que tenían? Escriban un breve párrafo en el que indican cómo resolvieron sus problemas y las medidas que tomó cada uno de ellos para superar esas dificultades.

Actividad B. Predicciones sobre La Gavia

Paso 1. Ya sabes de la actual reclamación del gobierno mexicano contra La Gavia. Pero, ¿sabías que hace cinco años la familia Castillo casi perdió La Gavia? A continuación hay fotos de algunos acontecimientos del Episodio 13. Con un compañero / una compañera, hagan predicciones sobre las razones por las cuales La Gavia estaba en peligro de perderse.

1.

2.

3.

Paso 2. Comparen sus predicciones con las de otra pareja de estudiantes. Luego, después de ver el episodio, verifiquen sus repuestas. ¿Acertaron en algunas predicciones?

Después de ver el vídeo

Actividad A. Situaciones

Paso 1. ¿Por qué cosas o personas se preocupan algunos personajes de *Nuevos Destinos*? Las siguientes fotos muestran algunas escenas del Episodio 13. Con un compañero / una compañera, indiquen cuáles son las situaciones representadas, incluyendo las preocupaciones de los personajes.

1. Lucía

2. Roberto, Ángela y Arturo

3. Carlos

4. Ramón y Pedro

5. Mercedes

Paso 2. Ahora escojan una de las situaciones del Paso 1 y escriban un breve párrafo, indicando cómo Uds. resolverían el problema.

Paso 3. (Optativo) Todas las parejas pueden leer en voz alta la solución al problema que escogieron en el Paso 2. Mientras tanto, el profesor / la profesora puede escribir esas soluciones en la pizarra. ¿Están todos de acuerdo con las soluciones propuestas? En cuanto a los problemas escogidos por más de una pareja, ¿hay soluciones parecidas entre algunos grupos?

Actividad B. Del guión: Lucía habla con Ramón

Paso 1. Escucha parte de la conversación telefónica entre Lucía y Ramón Castillo. Luego, contesta las preguntas a continuación.

1. ¿Qué sabe Ramón del segundo codicilo del testamento de su padre?
2. ¿Qué va a hacer Ramón mañana a primera hora? ¿Cómo puede esto ayudar a Lucía en su investigación?
3. Parece que Lucía va a investigar a otra persona de la familia Castillo. ¿Quién es?

Paso 2. Compara tus respuestas con las de un compañero / una compañera.

Paso 3. (Optativo) ¿Qué crees tú? ¿Ha superado su obsesión por el juego Gloria? ¿Qué le pasa a ella actualmente? Con tu compañero/a, comenten este tema, basándose en las siguiente preguntas.

1. ¿Cómo le responde Ramón a Lucía cuando ella le pregunta sobre los problemas actuales que hay en la familia Castillo?
2. Vuelvan a escuchar la última línea de la conversación entre Lucía y Ramón. ¿Cómo creen Uds. que termina su pregunta Lucía?
3. ¿Cómo creen Uds. que son las relaciones actuales entre Carlos y Gloria? ¿Sigue él protegiéndola?

Actividad C. ¿Qué piensan de Gloria?

Paso 1. En este episodio, supiste que Gloria tiene una adicción al juego, y que tal adicción le causa problemas serios a la familia Castillo. ¿Qué opinan los siguientes personajes de Gloria Castillo? Con un compañero / una compañera, apunten sus ideas.

1. Lucía
2. Mercedes
3. Carlos
4. Ramón

Paso 2. Imagínense una confrontación entre Gloria y uno de los personajes del Paso 1. ¿Qué le diría ese personaje a Gloria? ¿La acusaría de algo? ¿Trataría de comprenderla y encontrar una solución al problema? ¿Cómo reaccionaría Gloria? Con tu compañero/a, inventen un diálogo entre ese personaje y Gloria.

Paso 3. (Optativo) Representen el diálogo en forma dramática ante la clase.

Vocabulario del tema

Vocabulario del tema

De preocupaciones a obsesiones

Las preocupaciones

obsesionarse (por/con) to be obsessed (with); to obsess (about)
padecer (padezco) (de) to suffer (from)
preocuparse (por) to worry (about)
sufrir to suffer
Repaso: **acudir a, apoyar, solucionar, superar**

Las adicciones

apostar (ue) (a/por) to bet (on)
jugar (ue) to gamble

perjudicar to harm, damage
ser adicto/a a to be addicted to
Cognado: **abusar (de)**

el estupefaciente / el narcótico narcotic
el juego gambling
el/la jugador(a) gambler
el sopor drowsiness; lethargy
el/la toxicómano/a drug addict
Cognados: **el alcohol, la nicotina**

dañino/a damaging
perjudicial harmful, detrimental
saludable healthy

Actividad A. Preocupaciones personales

Paso 1. ¿Cuáles son algunas de las cosas que te preocupan? ¿Cuáles de ellas te obsesionan diariamente? Haz una lista de cuatro o cinco de tus preocupaciones mayores.

Paso 2. Intercambia tu lista con la de un compañero / una compañera. Escribe algunos consejos que le puedes dar a él/ella para superar esas preocupaciones.

Paso 3. Léele los consejos a tu compañero/a. ¿Ya pone en práctica él/ella algunos de esos consejos? ¿Lo/La ayudan a quitarle sus preocupaciones? Si actualmente no hace nada para superar sus preocupaciones, ¿por qué no lo hace? ¿Qué opina él/ella de tus consejos?

Actividad B. Las obsesiones y pasiones en la vida

Paso 1. Todos tenemos una obsesión o pasión en la vida sin la que no podríamos vivir. ¿Podrías ser capaz de hacer cualquier cosa para realizar esa obsesión o pasión? En una hoja de papel aparte, apunta cuál es esa pasión, incluyendo una descripción de qué haces para realizarla y cómo te hace sentir.

MODELO: Me obsesiono por la música. De hecho, toco la batería (*drums*) en un conjunto de rock. Cada vez que actuamos ante el público, me siento enérgico, orgulloso,…

Paso 2. Ahora imagínate que esa pasión está en peligro de desaparecer de tu vida. ¿Cómo crees que eso te afectaría? ¿Qué harías para mantener esa pasión en tu vida? ¿Habría otra pasión que podrías sustituir en su lugar? Apunta tus ideas.

Paso 3. Ahora intercambia tu hoja de papel con la de un compañero / una compañera y comenten lo siguiente.

1. ¿Qué piensas de la pasión de tu compañero/a? ¿Es saludable esa adicción o puede perjudicar la salud de él/ella?
2. ¿Crees que tu compañero/a está al borde de una adicción? ¿Por qué sí o por qué no?
3. ¿Qué cree él/ella? ¿Realmente no podría vivir sin esa pasión en su vida?

Paso 4. (Optativo) Con tu compañero/a, comenten lo siguiente. ¿Cuándo puede convertirse una pasión en una adicción? ¿Cuáles son las indicaciones que señalan (*signal*) una adicción creciente (*growing*)? Den ejemplos para justificar sus respuestas.

Nota cultural

La tertulia

Aunque por lo general se asocia la tertulia con los españoles, la costumbre de reunirse con amigos o colegas para comentar el tema del día es muy común en todas las culturas hispánicas. En una tertulia, un grupo se reúne regularmente en el mismo lugar, como un bar o un café, para hablar de las últimas novedades, de la política, del cine o cualquier otro tema que se les antoje.[a] Las discusiones son, en su mayoría, animadas y apasionadas, especialmente cuando los participantes consumen varias copas de vino o tazas de café. Y aunque parezca que los amigos se enfadan y discuten en tono cada vez más alto, en realidad es solamente una manera de comunicar su punto de vista y revelar los sentimientos fuertes o indiferentes que uno tiene hacia el tema.

---

[a]*se… they feel like*

Para comentar

¿Cuántos tipos de adicción hay? En el siguiente recorte de una revista hispánica internacional, se discute el tema de cómo salir de una adicción al ejercicio físico. Con un compañero / una compañera, lean el recorte y contesten las preguntas a continuación.

COMO SALIR DE LA ADICCION

1. Admite que eres una adicta. Según los médicos, nadie puede salir de una adicción si no admite que realmente la tiene. Hazte la siguiente pregunta: ¿El tiempo que empleas para hacer ejercicios, NO está balanceado con el resto de tus actividades? Si la respuesta es sí, eres una adicta.

2. Empieza a "cortar" tu entrenamiento[a] gradualmente. Si te sientes dependiente de tu rutina, empieza a eliminar actividades lentamente. Quita primero la que disfrutes menos. Corta un poco el tiempo. Si practicas una hora y media diaria, empieza a cortar 30 minutos. Si te entrenas 5 días a la semana, corta un día. Comienza a tener sentido de la moderación.

3. Cambia tus actividades. Sustituye la parte que más te extenúa en tu entrenamiento. Digamos que es el pedaleo[b] o el levantamiento de pesas[c]... deja de hacerlo por un período de tiempo y, en cambio, ve integrando los ejercicios de relajación, toma clases de yoga o ensaya con[d] un ejercicio que te permita socializar, como el tenis, el raquetbol o el baile.

1. ¿Qué opinan Uds. de los consejos que se dan en el recorte? ¿Creen que son razonables? ¿Por qué sí o por qué no?
2. ¿Creen que, por lo general, se les pueden aplicar los mismos tipos de consejos a otras clases de adicción? Si Uds. tuvieran que aconsejarle a alguien a que salga de una adicción, ¿cuál sería esa adicción y cuáles serían sus recomendaciones?

---

[a]*workout* [b]*pedaling (on a movable or stationary bicycle)* [c]*levantamiento... weightlifting* [d]*ensaya... try out*

Enfoque oral

Enfoque oral

Actividad. El juego: ¿Plaga social o necesidad económica?

En este capítulo, has examinado algunas de las preocupaciones y obsesiones que hay en la vida. ¿Hasta qué punto son normales esas preocupaciones y obsesiones? ¿Cuándo se convierten en adicciones? Toma, por ejemplo, la adicción que tiene Gloria Castillo: ¿crees que el juego es una plaga social o una necesidad económica? ¿Qué piensas de la posibilidad de ganar mucho dinero con poca inversión (*investment*)? En esta actividad, vas a participar en un debate en el que examinas este tema más a fondo.

Paso 1. Haz una lista de todo lo que asocias con el juego. Puedes usar las siguientes preguntas como base de tu lista.

1. ¿Hay ciudades o lugares específicos que se especializan en el juego?
2. ¿Cómo son las personas que participan en el juego? ¿Participa un solo tipo de persona o participan personas con características y motivos diferentes?
3. ¿Estás a favor o en contra de la legalización del juego en todos los estados de este país?
4. ¿Bajo qué circunstancias cambiarías de parecer (*would you change your mind*) sobre la legalización del juego?
5. ¿Cuáles pueden ser los beneficios y los problemas que esta legalización puede causar?

Paso 2. Reúnete con otros dos o tres estudiantes que compartan tu punto de vista. Prepárense para un pequeño debate, haciendo una lista de las ventajas y desventajas de su punto de vista. (Acuérdense que deben estar preparados para los argumentos del otro grupo.)

Paso 3. Ahora, imagínense que el gobierno de su estado quiere legalizar el juego. (Si ya está legalizado en su estado, ¡imagínense que no lo es!) Hagan un pequeño debate con un grupo que no esté de acuerdo con el punto de vista que tienen Uds.

Paso 4. (Optativo) Con toda la clase, comenten lo siguiente. ¿Hay realmente ventajas y desventajas de legalizar el juego? ¿Creen Uds. que hay algo bueno y algo malo en casi todo lo que se encuentra en la vida? ¿Hay algunos comportamientos, cosas o instituciones que son, en su esencia, solamente buenos o solamente malos? ¿Cuáles son?

Lectura

La poeta Luz María Umpierre-Herrera nació en Puerto Rico. Llegó a los Estados Unidos para hacer sus estudios posgraduados en la Universidad de Bryn Mawr, en Filadelfia. Siendo una de las pocas personas de ascendencia latina en esa universidad, Umpierre-Herrera empezó a sentirse aislada en su nueva cultura. Mucha de su obra poética se trata del tema de este aislamiento y de nostalgia hacia su tierra natal. En «La Jogocracia», la poeta hace un comentario sobre la manía que existe en los Estados Unidos hacia el culto al ejercicio.

Antes de leer

Actividad A. «La Jogocracia»

Paso 1. La palabra **jogocracia** es invención de la poeta. Con un compañero / una compañera, hagan una lista de otras palabras que terminan en el sufijo **-cracia.** ¿Cuántas pueden identificar?

Paso 2. El prefijo de **jogocracia** se refiere al «juego» (en el sentido general de los ejercicios, deportes, etcétera). ¿Saben Uds. lo que significan los prefijos de las palabras en su lista? Escriban su significado. Si no lo saben, búsquenlo en un diccionario.

Paso 3. Compartan su lista de palabras y prefijos con otra pareja de estudiantes. ¿Hay algunas semejanzas en sus listas? ¿Tienen una visión más amplia de lo que se puede tratar el poema?

Actividad B. Los maníacos al ejercicio

Paso 1. ¿Conoces a alguien que sea maníaco/a al ejercicio? ¿Eres tú una de esas personas? Llena la siguiente tabla para hacer una descripción de alguien que hace muchos ejercicios y que siempre se preocupa por la salud.

LA ROPA	LO QUE COME/BEBE	LO QUE NO COME/BEBE	EL ASPECTO FÍSICO	LA PERSONALIDAD

Paso 2. Compara tu tabla con la de un compañero / una compañera. ¿Tienen Uds. ideas parecidas en cuanto a este tipo de persona?

Paso 3. (Optativo) El profesor / La profesora puede escribir en la pizarra algunas de las ideas de los varios grupos. Si alguno/a de Uds. se considera maníaco/a al ejercicio (o que por lo menos intenta mantenerse en buena forma), comenta lo siguiente. ¿Son las ideas de tus compañeros estereotipadas o están basadas en la realidad? ¿Tienes tú características semejantes o diferentes de las propuestas por los demás? Explica tus reacciones a las cualidades y características en la pizarra.

La Jogocracia

Son los venerables miembros de la jogocracia activa,
los laudables teníscratas urbanos,
su inteligencia se mide en cuadras,[a] miles y Adidas,
su estatus son love-forties, las Wilsons y los warm-ups.

5   Hay que estar tan eslim como la misma Virginia,
ponerse bien en shape con el yogurt a mano.
La vida es malla,[b] muelle,[c] anorexia nervosa, aniquilación[d] activa.

---

[a](city) blocks   [b]La palabra **malla** tiene doble sentido: sus equivalentes en inglés son *gymnast's tights* y *net*.   [c]La palabra **muelle** también tiene doble sentido: usada como sustantivo, quiere decir *mechanical spring*; empleada como adjetivo, significa *comfortable, easy*.   [d]destrucción

> Castigan con sus trotes sus lujuriosas vidas
> y descargan[e] con raquetas su racismo inhumano;
> 10 destrucción y desquite,[f] carente sin carencias,[g]
> es el goismo-yoista de los gringos, nación en decadencia
> que vive y se alimenta entre ZAPS ZAPS Y FLOPS FLOPS.

[e]*they unleash*   [f]*venganza*   [g]*carente... needy without needs*

Después de leer

Actividad A. Comentarios

Paso 1. En grupos de tres estudiantes, comenten lo siguiente sobre el poema.

1. ¿Cuál es el tono que usa Umpierre-Herrera en el poema? Hagan una lista de adjetivos que describan ese tono.
2. En su opinión, ¿qué efecto tiene el uso de palabras en inglés? ¿Qué efecto tiene la mención de algunas marcas (*brand names*) populares?
3. ¿Creen Uds. que es justo o injusto el comentario que la poeta hace? Vuelvan a leer su lista de la Actividad B en Antes de leer. ¿Son las descripciones que hace Umpierre-Herrera semejantes a las suyas? ¿En qué sentido? ¿Cómo difieren?

Paso 2. (Optativo) Algunos grupos pueden leer sus comentarios en voz alta. ¿Están de acuerdo los demás? Si no están de acuerdo, ¿cuáles son algunos comentarios alternativos que pueden ofrecer?

Actividad B. Tú eres el/la poeta

Paso 1. Primero, piensa en la imagen estereotipada de cierto tipo de persona. Por ejemplo, ¿cómo son los profesores? ¿los empollones (*bookworms*)? ¿los padres? ¿los camioneros (*truck drivers*)? ¿los políticos? ¿ ? Luego, haz un mapa semántico en el que describes las cualidades estereotipadas de ese tipo de persona.

MODELO:

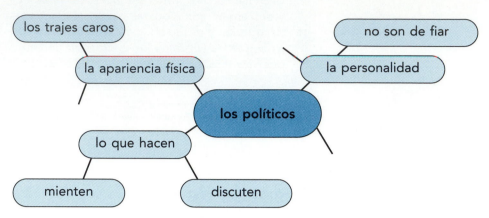

Paso 2. Ahora escribe un breve poema (de 8 a 10 versos) en el que planteas la imagen estereotipada de este grupo de personas. (No es necesario que los versos rimen. Lo que importa es la visión estereotipada que quieres presentar.)

Paso 3. Comparte tu poema con el resto de la clase. ¿Cuántos tipos de personas diferentes se describieron en los poemas? ¿Son cómicos, críticos o tristes los comentarios sobre esos grupos de personas? ¿Están todos de acuerdo con los estereotipos descritos?

Composición

Actividad.   Un folleto (*brochure*)

Imagínate que eres director(a) de una clínica de rehabilitación de algún tipo. Puede ser una clínica para los adictos al juego, a la droga, al alcohol, etcétera. ¿Cuál sería su filosofía general? Es decir, si tuvieras que aconsejarles a los adictos cómo deben vivir y qué deben hacer para salir de esa adicción, ¿qué les dirías? En esta sección, vas a trabajar con un compañero / una compañera para crear un folleto en el que describen los pasos que los adictos deben tomar para curarse.

Paso 1. Con tu compañero/a, piensen en algún tipo de adicto al que les gustaría ayudar en su curación. Luego, hagan una lista de todo lo que debe hacer esa persona para ayudarse. (Pueden seguir el modelo del recorte en Para comentar, página 157.)

Paso 2. Piensen en la forma en la que van a dirigirse al adicto. ¿Van a usar mandatos directos? ¿Van a ser formales o informales los mandatos, y por qué? ¿O van a hacerle sugerencias al adicto de una forma más indirecta? ¿Van a ser cariñosos/as hacia el adicto o piensan adoptar un tono exigente hacia él? ¿Van a describir los servicios que la clínica de Uds. ofrece o sólo van a darle consejos sobre cómo ayudarse a sí mismo?

Paso 3. Ahora, ¡manos a la obra (*get to work*)! Traten de diseñar el folleto para que tenga una apariencia agradable. También pueden añadir fotos o dibujos, si quieren.

Paso 4. Entréguenle su folleto al profesor / a la profesora.

Paso 5. (Optativo) El profesor / La profesora puede exhibir los folletos para que todos los vean. ¿Qué piensan Uds. del trabajo de sus compañeros? ¿Qué piensan de los consejos ofrecidos?

A causa de secretos y
una adicción costosa,
la familia Castillo está en peligro de perder La Gavia. ¿Cómo se podría
haber evitado esa situación? ¿Deberían haber notado antes Ramón y
Pedro que los negocios de la oficina en Miami no andaban bien?

ASUNTOS FINANCIEROS

¿Cómo manejas el dinero?

14

¿**C**ómo se debe manejar el dinero para asegurar el futuro económico de uno? Aunque la familia Castillo es rica y poderosa, también le tocan problemas financieros. A causa de esos problemas, es posible que los Castillo tengan que cerrar la oficina en Miami y vender La Gavia, el único hogar que recuerdan los hijos de don Fernando. ¿Qué efecto podría causarles ese suceso a los miembros de la familia? ¿Qué podrían haber hecho para evitar esa situación?

Y tú, ¿manejas bien el dinero? ¿Ganas lo suficiente como para ahorrar e invertir (*invest*) el dinero? Si todavía no has hecho nada para asegurar tu futuro económico, ¿piensas hacerlo? ¿Cómo lo harías?

El vídeo

El vídeo

En el Episodio 14 del CD-ROM que acompaña *Nuevos Destinos,* hay una variedad de actividades relacionadas con el Episodio 14 del vídeo.

Prepárate para ver el vídeo

Actividad A. «¡La Gavia está en juego!»

Paso 1. Ya sabes que, hace cinco años, la familia Castillo estaba en peligro de perder La Gavia. Pero, por la reclamación actual del gobierno mexicano, sabes que esa pérdida no sucedió. ¿Cómo crees que los Castillo salvaron su querida hacienda? Haz una lista de tres a cinco maneras de cómo podrían haber mantenido posesión de La Gavia.

Paso 2. Comparte tu lista con un compañero / una compañera. ¿Pensaron Uds. en soluciones parecidas? ¿Cómo son las soluciones de su compañero/a? ¿Son creíbles o son inverosímiles?

Actividad B. Luis llama otra vez a Raquel

Paso 1. En este episodio, Luis, el ex novio de Raquel, la llama otra vez. ¿Para qué la llama? ¿Cómo reacciona Raquel? Haz dos listas: una, de las razones posibles por la llamada y otra, de las reacciones posibles de Raquel.

> MODELO: razón: Luis llama a Raquel para invitarla a cenar a su casa.
> reacción: Raquel acepta la invitación.

Paso 2. (Optativo) Comparte tus listas con las de un compañero / una compañera. Entre los/las dos, escojan una de las situaciones posibles y crean un breve diálogo entre Luis y Raquel. Luego, representen el diálogo en forma dramática ante la clase.

Después de ver el vídeo

Actividad A. ¡La Gavia está a salvo!

Paso 1. Indica si las siguientes oraciones sobre el Episodio 14 son ciertas (C) o falsas (F). Si son falsas, modifícalas para que sean ciertas.

C F **1.** Don Fernando y Mercedes tuvieron la idea de convertir La Gavia en un orfanato.

C F **2.** Para poder pagar las cuentas de un orfanato, don Fernando invirtió su dinero en la bolsa (*stock market*) mexicana.

C F **3.** El orfanato va a ser privada y no va a contar con la ayuda ni del gobierno mexicano ni de inversionistas (*investors*).

C F **4.** Don Fernando dice que Mercedes y Carlos son los más indicados para organizar y administrar el orfanato.

C F **5.** Don Fernando le pide a Juan que él y Pati vuelvan a México para quedarse con su familia.

C F **6.** Ramón seguirá como administrador de Castillo Saavedra, S.A.

Paso 2. Comparte tus respuestas con un compañero / una compañera. Si hay alguna diferencia de opinión, justifiquen sus respuestas.

Actividad B. Raquel y Luis

Paso 1. ¿Cómo son los recuerdos que Raquel tiene de Luis? ¿Cómo influyen esos recuerdos en su decisión de no salir con él? Con un compañero / una compañera, indiquen por lo menos tres razones por las cuales Raquel no quiere ver a Luis ni ahora ni en el futuro.

Paso 2. ¿Qué harían Uds.? Escojan una de las situaciones del Paso 1 y escriban un par de oraciones indicando lo que harían si fueran Raquel.

Paso 3. Léanles sus oraciones a otra pareja de estudiantes. ¿Están ellos/as de acuerdo con Uds.? Si no están de acuerdo, deben indicar por qué y lo que sí harían en esa situación.

Paso 4. (Optativo) Entre los dos grupos, comenten lo siguiente. ¿Qué le importa más en la vida a Luis? ¿La carrera? ¿El dinero? ¿La felicidad? ¿Creen Uds. que Raquel tomó una buena decisión al no querer verlo más? ¿Por qué sí o por qué no?

Actividad C. Del guión: Lucía revisa unos documentos

Paso 1. En este episodio, Lucía intenta averiguar el porqué del segundo codicilo del testamento de don Fernando. Escucha mientras Lucía revisa los documentos de don Fernando que Ramón le había enviado a ella. Luego, contesta las siguientes preguntas.

1. ¿Cuál fue el contenido de la carta que Gloria le escribió a don Fernando poco antes de la muerte de éste?
2. ¿Qué opina Lucía en cuanto a la culpabilidad de Gloria respecto al segundo codicilo de don Fernando?
3. ¿Qué contiene la carpeta (*folder*) de Ángel Castillo? ¿Por qué crees que don Fernando le hizo a Ángel una carpeta en su archivo aunque nunca lo conoció?

Paso 2. Comparte tus respuestas con las de un compañero / una compañera. Si hay alguna diferencia de opinión, justifiquen sus respuestas.

Paso 3. Ahora escucha mientras Lucía hace otro descubrimiento.

Paso 4. ¿Por qué crees que se nombra el padre de Lucía en el segundo codicilo del testamento de don Fernando? ¿Cuáles son las relaciones que podrían haber tenido don Fernando y el padre de Lucía? Escribe un breve párrafo en el que presentas tus ideas sobre el asunto.

Vocabulario del tema

Vocabulario del tema

Asuntos financieros

Asuntos del banco

abonar to pay (*interest*)
cobrar to charge
prestar to lend
retirar to withdraw (*cash*)
Cognados: depositar, financiar

la bancarrota bankruptcy
la cuenta account; bill
la cuenta corriente checking account
la cuenta de ahorros savings account
la deuda debt
la hipoteca mortgage
el préstamo loan
Cognados: el/la banquero/a, el interés

La bolsa

invertir (ie, i) to invest

las acciones stocks, shares
el/la accionista stockholder, shareholder

el bono bond
el/la corredor(a) de bolsa stockbroker
la devolución return
la inversión investment
el/la inversionista investor

Los negocios

la empresa firm, company
la ganancia earnings, profit
los gastos expenses
los ingresos income

Vocabulario de expansión

ahorrar to save
andar bien/mal to be doing well/poorly
gastar to spend
manejar el dinero to manage money

el/la acreedor(a) creditor
el impuesto tax
el recibo receipt
Cognados: las finanzas, los fondos

Actividad A. Definiciones

Paso 1. Escoge cinco palabras o frases de la lista del Vocabulario del tema y escribe definiciones completas para cada una de ellas.

> MODELO: el préstamo: El préstamo es el dinero que uno recibe para pagar algo. Como el préstamo no es un regalo, eventualmente uno tiene que pagárselo todo a la persona o institución que se lo prestó. Muchas veces se tiene que pagar también los intereses acumulados como resultado del préstamo.

Paso 2. Comparte tus definiciones con un compañero / una compañera. Él/Ella debe intentar describir una experiencia personal relacionada con cada una de tus definiciones.

> MODELO: Una vez recibí un préstamo del banco para poder pagar un coche usado. Desafortunadamente, el coche se averió (*broke down*) antes de que yo pudiera devolverle todo el dinero al banco.

Actividad B. Mis finanzas personales

Paso 1. ¿Cómo manejas tú el dinero? Haz una lista de tus ingresos mensuales (*monthly*), incluyendo tu sueldo (si trabajas), las devoluciones de acciones que recibes (si eres inversionista), los intereses que ganas, etcétera. (Claro, algunas de las figuras van a ser aproximaciones.)

Paso 2. Luego, haz una lista de tus gastos mensuales, incluyendo la comida, el alquiler, las cuentas, etcétera.

Paso 3. Ahora, compara tus ingresos con tus gastos. ¿Te queda suficiente dinero al fin del mes? ¿Andas bien económicamente? Muéstrale tus listas a un compañero / una compañera. ¿Tiene él/ella sugerencias para mejorar el manejo de tu dinero?

Actividad C. La bolsa y tú

Paso 1. ¿Eres inversionista en la bolsa? ¿Te gustaría invertir tu dinero en la bolsa? Indica tus preferencias en cuanto a las inversiones que tienes o que te gustaría tener, explicando el porqué de tus decisiones. Nombra tanto las industrias como las empresas. Puedes escoger más de una sola industria o empresa, si quieres. A continuación hay una lista de sugerencias de industrias.

> el acero (*steel*), los bienes raíces (*real estate*), la ganadería (*cattle-raising*), los grandes almacenes (*department stores*), la informática (*information technology* [computers, etc.]), el mundo de los espectáculos (*entertainment industry*)
> **Cognados: el café, la industria automovilística, la industria médica, la industria textil, los metales preciosos, el turismo**
> **Repaso: los medios de comunicación**

Paso 2. Intercambia tus preferencias con las de un compañero / una compañera. ¿Qué revelan las preferencias inversionistas de tu compañero/a en cuanto a la personalidad de él/ella? ¿Le interesa más invertir su dinero en las industrias/empresas ascendentes (*rising*) o le importa seguir sus intereses personales?

Nota cultural

Las cartas de Cristóbal Colón

Cuando Cristóbal Colón llegó a las Américas, no tardó en escribirles a los Reyes Católicos, Fernando e Isabel, de las maravillas que había encontrado. Debido a la gran distancia entre el Nuevo Mundo y España, las cartas habrían tardado unos dos o tres meses en llegar a su destino. Sin embargo, las descripciones que Colón hizo del Nuevo Mundo y las riquezas que encontró allí asombraron[a] a los monarcas españoles.

En sus cartas a los Reyes Católicos, Colón describió la gran belleza natural del Nuevo Mundo. Pero a la vez, exageró lo que había encontrado, especialmente respecto a la cantidad de oro que había allí. Sin embargo, sí había mucho oro, y les mandó a los Reyes Católicos objetos hechos de ese metal precioso, además de comestibles únicos a ese hemisferio. ¡Hasta algunas personas indígenas llegaron a la corte de los reyes!

Las cartas que escribió Colón convencieron a los monarcas de la necesidad de hacer otros viajes para descubrir más riquezas. Así empezó la colonización del Nuevo Mundo y el gran imperio español. Y a causa de esto, a lo largo del siglo XVI España era la nación más rica y poderosa del mundo.

---

[a]*amazed*

Para comentar

El recorte en la siguiente página es de una revista española. Con un compañero / una compañera, léanlo y contesten las preguntas a continuación.

1. En la opinión de Uds., ¿por qué discuten las parejas españolas por los hijos, el dinero, etcétera? ¿Cuáles podrían ser algunos tópicos de discusión específicos?
2. ¿Creen Uds. que estos motivos de discusión son frecuentes también en la cultura estadounidense? ¿Por qué sí o por qué no?
3. Y Uds., ¿con quién(es) discuten por el dinero? ¿Discuten con su pareja? ¿con sus padres? ¿con sus compañeros de cuarto? ¿con sus jefes? ¿ ?

La manzana de la discordia

El 82% de las parejas españolas afirman discutir con frecuencia, sobre todo por los hijos y por el dinero.

MOTIVOS DE DISPUTA MÁS FRECUENTES (%)

26%	12%	7%	6%	6%	6%
LOS HIJOS	EL DINERO	LIMPIEZA DEL HOGAR	EL TRABAJO	EL OCIO	LAS OPINIONES

Enfoque oral

Actividad. ¡Emprendamos (*Let's start up*) un negocio!

En este capítulo, has comentado los asuntos financieros, tanto los que tienes en la actualidad como los en que te gustaría participar. Ahora te toca trabajar con algunos compañeros para crear una empresa y anunciársela al público.

Paso 1. En grupos de tres o cuatro estudiantes, piensen en el tipo de empresa que les gustaría iniciar. ¿Van a vender algún producto o tipo de producto? ¿Van a ofrecer algún servicio? Escojan el tipo de empresa que van a iniciar. También deben ponerle un nombre interesante que, tal vez, sea indicativo del producto o servicio que se ofrece.

Paso 2. Ahora les toca pensar en cómo va a ser esa empresa. Deben considerar, por lo menos, las siguientes preguntas.

1. ¿Quiénes van a ser sus clientes principales? Es decir, ¿son personas jóvenes? ¿viejas? ¿profesionales? ¿de la clase media o alta? ¿de la clase obrera?
2. ¿Cuánto dinero van a necesitar para iniciar la empresa? ¿Dónde van a conseguir ese dinero? ¿Qué pueden ofrecer Uds. como garantía (*collateral*)?
3. ¿Va a ser privada o pública esa empresa? Es decir, ¿van a vender acciones en la bolsa o no?
4. ¿Cuánto va a costar el producto o servicio que Uds. van a ofrecer?

Paso 3. Ahora les toca diseñar un anuncio para que el público sepa algo de la empresa y del producto o servicio que se ofrece. Puede ser en forma de un folleto, un anuncio que se encuentra en el periódico o alguna revista, un anuncio televisivo, etcétera. (Lo importante es que el anuncio sea visual.)

Paso 4. Todos los grupos deben compartir sus anuncios con el resto de la clase. Si algunos anuncios son puramente visuales, los grupos pueden explicárselos a los demás miembros de la clase. Si algunos grupos prepararon anuncios televisivos, tendrán que representarlos en forma dramática ante la clase.

Lectura

Aunque es autodidacta (*self-taught*), el escritor mexicano Juan José Arreola (1918–) muestra una poderosa imaginación y habilidad deslumbrante (*brilliant*) cuando se trata del arte de escribir. Ha ejercido numerosos y distintos oficios, como vendedor ambulante (*traveling salesman*), periodista y maestro. Su cuento «Baby H.P.» apareció en 1952 en una colección de cuentos titulada *Confabulario*. Es un cuento satírico disfrazado (*disguised*) de anuncio comercial.

Antes de leer

Actividad. Los anuncios comerciales

Paso 1. Al pensar en los anuncios comerciales, ¿qué imágenes te salen a la mente? ¿Cómo son los anuncios? Haz un mapa semántico sobre los anuncios comerciales que ves en la prensa o en la televisión o que oyes en la radio.

MODELO:

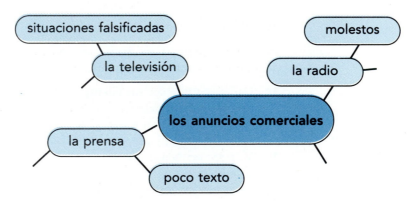

Paso 2. Comparte tu mapa con un compañero / una compañera. ¿Llegaron Uds. a las mismas conclusiones sobre los anuncios comerciales? ¿En qué difieren sus opiniones?

Baby H.P.

Señora ama de casa: convierta usted en fuerza motriz[a] la vitalidad de sus niños. Ya tenemos a la venta el maravilloso Baby H.P., un aparato que está llamado a revolucionar la economía hogareña.[b]

5 El Baby H.P. es una estructura de metal muy resistente y ligera que se adapta con perfección al delicado cuerpo infantil, mediante cómodos cinturones, pulseras, anillos y broches. Las ramificaciones de este esqueleto suplementario recogen cada uno de los movimientos del niño, haciéndolos converger en una botellita de Leyden* que puede colocarse en la espalda o en el pecho, según necesidad. Una aguja[c] in-
10 dicador señala el momento en que la botella está llena. Entonces usted, señora, debe desprenderla[d] y enchufarla[e] en un depósito especial, para que se descargue[f] automáticamente. Este depósito puede colocarse en cualquier rincón de la casa, y representa una preciosa alcancía[g] de electricidad disponible en todo momento para fines de alumbrado[h] y cale-
15 facción, así como para impulsar alguno de los innumerables artefactos que invaden ahora, y para siempre, los hogares.

De hoy en adelante usted verá con otros ojos el agobiante ajetreo[i] de sus hijos. Y ni siquiera perderá la paciencia ante una rabieta convulsiva,[j] pensando que es fuente generosa de energía. El pataleo[k] de un
20 niño de pecho[l] durante las veinticuatro horas del día se transforma, gracias al Baby H.P., en unos útiles segundos de tromba licuadora,[m] o en quince minutos de música radiofónica.

Las familias numerosas pueden satisfacer todas sus demandas de electricidad instalando un Baby H.P. en cada uno de sus vástagos,[n] y
25 hasta realizar un pequeño y lucrativo negocio, trasmitiendo a los vecinos un poco de la energía sobrante.[o] En los grandes edificios de departamentos pueden suplirse[p] satisfactoriamente las fallas del servicio público, enlazando todos los depósitos familiares.

El Baby H.P. no causa ningún trastorno físico ni psíquico en los niños,
30 porque no cohíbe[q] ni trastorna sus movimientos. Por el contrario, algunos médicos opinan que contribuye al desarrollo armonioso de su cuerpo. Y por lo que toca a su espíritu, puede despertarse la ambición individual de las criaturas, otorgándoles pequeñas recompensas cuando sobrepasen sus récords habituales. Para este fin se recomiendan las

[a]móvil [b]de la casa [c]needle [d]take it off [e]plug it in [f]se… it discharges [g]store [h]luz [i]agobiante… molesta actividad incesante [j]rabieta… temper tantrum [k]kicking [l]niño… infant [m]tromba… whirlpool, jacuzzi [n]hijos [o]surplus [p]supplement [q]no… it doesn't restrict

*botellita de Leyden: Leyden jar, a device for storing electric charges, consisting of a metal rod in a glass jar lined inside and outside with tinfoil.

35   golosinas^r azucaradas, que devuelven con creces^s su valor. Mientras más calorías se añadan a la dieta del niño, más kilovatios se economizan en el contador eléctrico.

Los niños deben tener puesto día y noche su lucrativo H.P. Es importante que lo lleven siempre a la escuela, para que no se pierdan las
40   horas preciosas del recreo, de las que ellos vuelven con el acumulador rebosante de^t energía.

Los rumores acerca de que algunos niños mueren electrocutados por la corriente que ellos mismos generan son completamente irresponsables. Lo mismo debe decirse sobre el temor supersticioso de que
45   las criaturas provistas de un Baby H.P. atraen rayos y centellas.^{u} Ningún accidente de esta naturaleza puede ocurrir, sobre todo si se siguen al pie de la letra las indicaciones contenidas en los folletos explicativos que se obsequian con^v cada aparato.

El Baby H.P. está disponible en las buenas tiendas en distintos
50   tamaños, modelos y precios. Es un aparato moderno, durable y digno de confianza, y todas sus coyunturas^w son extensibles. Lleva la garantía de fabricación de la casa J.P. Mansfield & Sons, de Atlanta, Ill.

---

^{r}dulces ^{s}con... *with interest* ^{t}rebosante... *overflowing with* ^{u}rayos... *lightning and sparks* ^{v}se... acompañan ^{w}partes

Después de leer
Actividad A.   Preguntas

Paso 1. Contesta las siguientes preguntas sobre la lectura, incluyendo ejemplos o citas del cuento para justificar tus respuestas cuando sea posible.

1. ¿A quién(es) se dirige el cuento-anuncio? ¿Crees que esto es típico de la época en que fue escrito?
2. Según el cuento-anuncio, ¿cuáles son algunas de las situaciones más propias (*suitable*) para usar el aparato?
3. ¿Qué dice el cuento-anuncio con respecto a la seguridad física y mental del niño que lleva el aparato?
4. ¿Por qué crees que Arreola atribuye la fabricación del aparato a una compañía estadounidense?
5. ¿Qué crees que significa el nombre «Baby H.P.»? (Piensa en la energía, la electricidad, etcétera, que genera el aparato.)

Paso 2. Con un compañero / una compañera, comparen sus respuestas. Si hay diferencias de opinión, justifiquen sus respuestas.

Actividad B. Los anuncios hispánicos (Optativo)

Busca un anuncio en español y llévalo a clase. (También puedes hacer una fotocopia del anuncio.) Describe ante la clase cómo es el anuncio y el producto que se promociona. Debes tratar de incluir la siguiente información en tu descripción.

1. ¿A quién(es) se dirige el anuncio? ¿Se dirige a un tipo de persona específico o a un grupo de personas en general?
2. ¿Qué elementos visuales se usan para hacer más atractivo el producto o servicio que se promociona?
3. ¿Crees que es eficaz el anuncio? ¿O crees que no tiene mérito en absoluto? ¿Por qué?

Composición

Actividad. Carlos Castillo pide ayuda

En el episodio anterior, te enteraste de que Gloria Castillo sufre una adicción al juego. A causa de esa adicción, Carlos tuvo que pagar las deudas de ella, retirando dinero de las cuentas de la oficina en Miami. Estos sucesos casi causaron la ruina de la familia Castillo. ¿Qué habrías hecho tú si fueras Carlos? ¿Habrías ocultado la obsesión de tu esposa? ¿Habrías retirado dinero de la empresa familiar como lo hizo él?

Imagínate que tú eres Carlos Castillo. Necesitas encontrar alguna manera de pagar las deudas de tu mujer *sin sacar dinero de las Industrias Castillo Saavedra S.A.* En esta sección, vas a escribirle una carta a alguien, pidiéndole ayuda económica para sacarte del apuro (*financial difficulty*) en el que te encuentras.

Paso 1. ¿Cómo podrías pagar las deudas de Gloria sin causar la ruina de tu familia? ¿A quién vas a acudir? ¿A un miembro de tu familia? ¿A un buen amigo / una buena amiga? ¿ ? Apunta algunos detalles sobre cómo vas a resolver el problema y a quién le vas a pedir ayuda.

Paso 2. Organiza tus apuntes en forma de un bosquejo. Es posible que quieras empezar tu carta con una explicación de cómo Gloria y tú llegaron a encontrarse en tal situación. En ese caso, empezarías el bosquejo con algunos detalles sobre el problema de tu esposa.

Paso 3. Escribe la carta y entrégasela al profesor / a la profesora.

Estrategia comunicativa

El tono de la carta

Piensa en cómo quieres presentar el caso de Uds. en la carta. ¿Vas a echarle toda la culpa a Gloria? ¿Vas a usar un tono suplicante (*begging*)? ¿O vas a contar la historia de Uds. tal como les pasó, sin enredarte (*getting tangled up*) en excusas?

Tienes un solo propósito en escribir la carta: el de sacarles a Uds. del apuro. Sin embargo, el tono que usas en la carta puede variar mucho, así comunicándole al destinatario / a la destinataria algo que, tal vez, no deseas comunicar.

¿Con quién habla Raquel? ¿Tendrá algo que ver con el futuro de las relaciones entre ella y Arturo?

PENSANDO EN MAÑANA

15

¿Cómo será el futuro?

Nadie sabe por cierto lo que va a pasar en el futuro. Hace cinco años, Ángela y Roberto finalmente pudieron conocer a su abuelo, don Fernando, e iniciaron relaciones con su nueva familia que han durado hasta hoy en día. Raquel y Arturo también comenzaron otra etapa en su vida, pero ninguno de los dos sabía en aquel entonces lo que iba a pasar en el futuro. ¿Qué pasará entre ellos?

Uno de los aspectos que hace que la vida sea interesante es el desconocimiento del porvenir (*future*). ¿Cómo crees que será el futuro de tu vida y la vida de tus seres queridos? ¿Cómo crees que será el futuro de los seres humanos?

El vídeo

El vídeo

Prepárate para ver el vídeo

Actividad A. El segundo codicilo

Paso 1. En el episodio anterior, Lucía encontró una copia del segundo codicilo que tanto le había preocupado a ella. ¡Y qué sorpresa al encontrar el nombre de su padre en el codicilo! Con un compañero / una compañera, hagan una lista de las razones posibles por las cuales aparece en el codicilo el nombre de Emilio Hinojosa Barranco. Pueden usar los párrafos que escribieron en la Actividad C de Después de ver el vídeo en el Capítulo 14 como punto de partida.

Paso 2. Después de ver el episodio, verifiquen sus respuestas.

Actividad B. Raquel y Arturo

Paso 1. ¿Qué pasará entre Raquel y Arturo? ¿Qué opciones tienen los dos en cuanto al futuro de sus relaciones? Con un compañero / una compañera, comenten la probabilidad de las siguientes ocurrencias. También pueden indicar otra posibilidad, si quieren.

1. Raquel se va a quedar en Los Ángeles y Arturo se va a quedar en Buenos Aires.
2. Raquel se va a vivir a la Argentina.
3. Arturo va a volver a Los Ángeles definitivamente.
4. Raquel va a romper con Arturo y salir con Luis.
5. Arturo va a reanudar relaciones con su ex esposa.
6. ¿ ?

Paso 2. Comparen sus comentarios con los de otra pareja de estudiantes, justificando el porqué de sus opiniones.

Después de ver el vídeo

Actividad A. Del guión: Problemas resueltos

Paso 1. ¿Cuánto recuerdas? Indica quién habla en cada una de las citas a continuación.

1. _____ «...ven a mi padre recompensado por fin.»
2. _____ «...inventó un proceso metalúrgico y don Fernando se lo compró... »
3. _____ «...debió pedirle a don Fernando que considerara posponer la entrega de nuestra parte de la herencia... »

En el Episodio 15 del CD-ROM que acompaña *Nuevos Destinos,* hay una variedad de actividades relacionadas con el Episodio 15 del vídeo.

4. _____ «¡Ojalá sea la prueba que buscas!»
5. _____ «…no dejen perder un amor verdadero.»
6. _____ «ha retirado la reclamación y no vamos a ir a juicio.»
7. _____ «Él también tiene opciones, y creo que tú eres una de las más importantes.»

Paso 2. Con un compañero / una compañera, identifiquen las situaciones que rodean cada una de las citas del Paso 1.

Actividad B. Del guión: Los consejos de don Fernando

Paso 1. Primero, escucha los consejos que don Fernando le da a Raquel. Luego, contesta las siguientes preguntas.

1. ¿Qué dice don Fernando con respecto a las relaciones entre Raquel y Arturo?
2. ¿Por qué dice Raquel que las relaciones entre ella y Arturo son tan estrechas en tan poco tiempo?
3. Es evidente que Raquel y Arturo siguieron por lo menos uno de los consejos de don Fernando. ¿Qué crees que habría pasado si Raquel se hubiera mudado a Buenos Aires? ¿Cómo habría sido diferente la vida de Arturo y ella?

Paso 2. Compara tus respuestas con las de un compañero / una compañera. ¿Están Uds. de acuerdo? Justifiquen sus respuestas y opiniones.

Paso 3. (Optativo) En *Nuevos Destinos*, Teresa Suárez y don Fernando le dan a Raquel consejos relacionados con el amor. Con un compañero / una compañera, comenten lo siguiente.

1. ¿Por qué creen Uds. que son dos personas ancianas las que le dan esos consejos a Raquel? ¿Cuál puede ser la perspectiva que ellos tienen de la vida?
2. ¿Alguna vez recibieron Uds. consejos semejantes? ¿Cuáles fueron esos consejos? ¿Los tomaron Uds. en serio? ¿Cuáles fueron los resultados de esos consejos?

Vocabulario del tema

No hay nuevo vocabulario en este capítulo. Sin embargo, a continuación hay algunas palabras y expresiones de repaso que puedes usar para hablar de tu vida en el futuro. ¿Las recuerdas todas?

Los verbos

acordarse (ue) de, acudir a, apostar (ue) (a/por), contar (ue) con, dañar, decidir, desconfiar (desconfío), desempeñar un papel, echar de menos, elegir, enfrentarse (con), equivocarse, evaluar (evalúo), evitar, experimentar, extrañar, fracasar, hacerse + *profession,* **llegar a +** *inf.,* **preocuparse (por), realizar, resolver (ue), sobrevivir, superar,** **tener éxito, trabar amistades, tratar (con), volver a** + *inf.*

Los sustantivos

el bienestar, la carrera, el desafío, la felicidad, la salud, la tranquilidad de ánimo / del espíritu

Los adjetivos

angustiado/a, aprensivo/a, astuto/a, capacitado/a, cuidadoso/a, dañino/a, desconfiado/a, inoportuno/a, oportuno/a, saludable

---

Para comentar

Con un compañero / una compañera, miren la siguiente tira de Mafalda y contesten las preguntas a continuación.

1. Ya que Uds. conocen un poco más sobre la personalidad de Mafalda, ¿cómo creen que va a ser la composición de ella sobre «el mundo del porvenir»? ¿Va a ser optimista? ¿pesimista? ¿ ?
2. En el cuadro final de la tira hay un juego de palabras. ¿Pueden Uds. identificarlo?
3. ¿Cómo terminarían Uds. la siguiente oración?
   «En el mundo del porvenir… »

ªprayers

Nota cultural

El futuro de la comunicación

¿Cómo nos comunicaremos los unos con los otros en el futuro? Hace pocos años, el correo electrónico y el Internet no eran muy conocidos, pero ahora se encuentran en muchísimos países del mundo. «La edad de la información» también es un concepto común y corriente que se identifica con la época actual, tal como lo hacían «la edad revolucionaria» y «la revolución industrial» en sus respectivas épocas.

¿Cuáles son los cambios que nos esperan en el futuro? ¿Cómo nos afectarán estos cambios con respecto a la cultura? Parece que mientras más pequeño se hace el mundo, más homogéneo se hacen las culturas mundiales. ¿Es posible que, dentro de décadas o siglos, habrá una sola cultura mundial?

¿Qué crees tú? ¿Estamos por llegar a un mundo sin fronteras, sin límites?

Actividad. Tu vida en el futuro

Paso 1. ¿Cómo quieres que sea tu vida en el futuro? Si pudieras imaginar una vida perfecta, ¿cómo sería? Apunta algunas ideas sobre tu vida en el futuro, incluyendo por lo menos la siguiente información:

- los títulos universitarios
- la carrera y la situación económica

- la familia
- la salud
- los pasatiempos

Paso 2. Comparte tus ideas con un compañero / una compañera. ¿Tienen Uds. ideas semejantes en cuanto a la vida ideal en el futuro?

Paso 3. (Optativo) Entre todos, comenten sus ideas de la vida perfecta. ¿Qué importancia tiene la familia en la vida de la mayoría de Uds.? ¿Qué importancia tiene la educación? ¿la carrera? ¿el bienestar físico y económico? ¿ ?

Enfoque oral

Enfoque oral

Actividad. ¿Un nuevo destino para Raquel?

Al final de este último episodio de *Nuevos Destinos*, Raquel estaba por recoger a Arturo en el aeropuerto en Los Ángeles. ¿Cómo será el reencuentro entre ellos? En esta actividad, vas a trabajar con un compañero / una compañera para dramatizar una posible escena de ese reencuentro.

Paso 1. Con un compañero / una compañera, hagan una lista de los posibles acontecimientos que puedan suceder cuando Raquel llega al aeropuerto para recoger a Arturo.

Paso 2. Escojan uno de los posibles resultados que apuntaron en el Paso 1. Puede ser el que les parece más probable, el más cómico, el más triste, el más razonable, etcétera. Luego, hagan un bosquejo de su diálogo. (No deben escribir el diálogo tal como lo van a presentar. Lo importante es fijarse en algunas ideas y dejar que la conversación prosiga lógicamente.)

Paso 3. Ahora representen su diálogo ante la clase.

Paso 4. (Optativo) Entre todos, comenten lo siguiente. ¿Cuántas de las parejas representaron situaciones parecidas? ¿Se representó alguna situación en la que ningún otro grupo había pensado? ¿Cuáles de las representaciones creen Uds. que fueron las más creíbles? ¿las menos creíbles?

Lectura

Marco Denevi (1922–), dramaturgo y escritor de ficción, es uno de los escritores argentinos más prolíficos. Además de ganar aclamación por su primera novela *Rosaura a las diez*, es el inventor del «microcuento», o sea el cuento corto (*short-short story*). Mucha de la obra literaria de Denevi se relaciona con los efectos de la tecnología en el ser humano moderno. En su microcuento «Apocalipsis», Denevi nos presenta una visión fantástica del futuro.

Antes de leer

Actividad. ¿Cómo será el futuro?

Paso 1. En esta edad de la información y de viajes espaciales, algunas ideas de la ciencia ficción se acercan cada vez más a la realidad. ¿Cuál es tu visión del futuro de hoy en cien años? ¿Cómo será el ser humano? ¿Cómo será el planeta? Apunta por lo menos cinco ideas «fantásticas» sobre cómo será la vida y cómo seremos los seres humanos en el año 2100.

> MODELO: En el año 2100, ya no habrá combustibles como la gasolina. Viajaremos en vehículos que usan exclusivamente la energía solar...

Paso 2. Intercambia tus ideas con las de un compañero / una compañera. ¿Cuál de los/las dos tiene la visión más optimista del futuro? ¿la más pesimista? Comenten por qué creen así.

Apocalipsis

La extinción de la raza de los hombres se sitúa aproximadamente a fines del siglo XXXII. La cosa ocurrió así: las máquinas habían alcanzado tal perfección que los hombres ya no necesitaban comer, ni dormir, ni hablar, ni leer, ni escribir, ni pensar, ni hacer nada. Les bastaba
5 apretar[a] un botón y las máquinas lo hacían todo por ellos. Gradualmente fueron desapareciendo las mesas, las sillas, las rosas, los discos con las nueve sinfonías de Beethoven, las tiendas de antigüedades, los vinos de Burdeos,[b] las golondrinas,[c] los tapices flamencos,[d] todo Verdi, el ajedrez, los telescopios, las catedrales góticas, los estadios de fútbol, la
10 Piedad de Miguel Ángel,[e] los mapas, las ruinas del Foro Trajano,[f] los automóviles, el arroz, las sequoias gigantes, el Partenón. Sólo había máquinas. Después los hombres empezaron a notar que ellos mismos iban desapareciendo paulatinamente[g] y que en cambio las máquinas se multiplicaban. Bastó poco tiempo para que el número de los hombres
15 quedase reducido a la mitad y el de las máquinas se duplicase. Las máquinas terminaron por ocupar todos los sitios disponibles. No se podía dar un paso ni hacer un ademán[h] sin tropezarse con una de ellas. Finalmente los hombres fueron eliminados. Como el último se olvidó de desconectar las máquinas, desde entonces seguimos funcionando.

[a]tocar [b]*Bordeaux* [c]*swallows (birds)* [d]*tapices... Flemish tapestries* [e]*Miguel... Michelangelo*
[f]*Foro... Trajan's (Roman) Forum* [g]*poco a poco* [h]*gesto*

Después de leer

Actividad A. Interpretaciones

Paso 1. Con un compañero / una compañera, contesten las siguientes preguntas sobre la lectura.

1. En el cuento, Denevi menciona muchas de las cosas que iban desapareciendo antes de la extinción de la raza de los seres humanos. Desaparecieron, entre otras cosas, comestibles (el arroz), objetos funcionales (las mesas, las sillas) y manifestaciones de las bellas artes (las sinfonías de Beethoven, las catedrales góticas). ¿Qué parece sugerir Denevi en cuanto a la utilidad y necesidad de estos objetos y cosas en la vida del ser humano? ¿Qué efecto tiene en Uds. la mención de estas cosas desaparecidas?

¡OJO!

Más sobre el imperfecto de subjuntivo

Ya sabes que el imperfecto de subjuntivo termina en una forma de **-ra: -ra, -ras, -ra, -ramos, -rais, -ran.** Pero el imperfecto de subjuntivo también puede terminar de otra manera. Aunque sean menos usadas, se suelen emplear estas formas en las obras literarias y en los documentos legales: **-se, -ses, -se, -semos, -seis, -sen.**

Si yo **fuese** Ud., no abriría esa puerta.

catedrales góticas). ¿Qué parece sugerir Denevi en cuanto a la utilidad y necesidad de estos objetos y cosas en la vida del ser humano? ¿Qué efecto tiene en Uds. la mención de estas cosas desaparecidas?

2. ¿Cómo creen que sería un mundo habitado sólo por máquinas? ¿También inventarían ellas maneras de destruirse, como lo hacían los seres humanos? Explíquense.

3. En muchas historias del apocalipsis, se habla del fin del mundo como algo catastrófico y terrible. ¿Cómo fue «el fin del mundo» en este cuento? ¿Por qué creen Uds. que Denevi lo planteó así?

Paso 2. Compartan sus ideas con el resto de la clase. ¿Cuántas interpretaciones distintas pueden Uds. idear?

Actividad B. La fantasía se hace realidad

Paso 1. ¿Es parecido nuestro mundo al de «Apocalipsis»? Con un compañero / una compañera, escriban un breve párrafo en el que explican las distintas maneras en que los dos mundos, el fantástico y el real, se parecen.

> MODELO: En el cuento, las máquinas hicieron muchas cosas por los seres humanos. También tenemos máquinas que hacen que nuestra vida sea más sencilla. Hay hornos de microondas, lavaplatos,...

Paso 2. Lean su párrafo en voz alta. El profesor / La profesora va a escribir en la pizarra las ideas de todos los grupos.

Paso 3. Basándose en las ideas propuestas por todos los grupos, ¿a qué conclusiones se puede llegar con respecto al mundo moderno? ¿Vamos rápidamente hacia el mundo de «Apocalipsis» o no? Expliquen por qué creen así.

Composición

Composición

Actividad. Raquel y Arturo: De hoy en cinco años...

En el Episodio 15 de *Nuevos Destinos*, supiste que Raquel y Arturo van a hablar seriamente sobre su futuro. Y en este capítulo del libro, has aprovechado la oportunidad de hacer comentarios sobre cómo será tu vida y la vida de otros en el futuro. En esta sección, vas a tener la oportunidad de crear una composición en la que inventas una resolución o, por lo menos, una continuación, de la historia entre Raquel y Arturo: cinco años en el futuro.

Paso 1. Imagínate que ya han pasado cinco años más en la vida de Raquel y Arturo. ¿Cómo son físicamente? ¿Siguen viviendo en Los Ángeles? ¿Siguen juntos o no? ¿Cómo es la vida de cada uno de ellos? Haz un bosquejo de cómo son en el futuro. ¡Usa tu imaginación!

Paso 2. ¿Cómo vas a escribir tu composición? ¿Va a ser en forma de cuento? ¿O va a ser una narración de hechos? Una vez decidida el camino que vas a tomar, escribe tu composición.

Paso 3. Ahora intercambia tu composición con la de un compañero / una compañera. ¿Tienes sugerencias para mejorar la composición de él/ella? ¿Tiene él/ella sugerencias para ti?

Paso 4. Siguiendo los consejos de tu compañero/a, haz los cambios necesarios en tu composición y entrégasela al profesor / a la profesora.

Paso 5. (Optativo) La clase puede llevar a cabo un concurso de composiciones. Todos pueden leer su composición en voz alta, mientras los demás votan por la que les parece más interesante, verosímil, probable, etcétera.

vocabulario español-inglés

The **Vocabulario español-inglés** contains all the words that appear in the text, with the following exceptions: (1) articles, numerals, subject and object pronouns, and other words that an average student of intermediate Spanish would be expected to know; (2) very close or exact cognates, except those that appear in the **Vocabulario del tema** for each chapter; (3) conjugated verb forms; (4) most diminutives ending in **–ito/a** and superlatives ending in **–ísimo/a;** (5) adverbs ending in **–mente,** if the root word is already listed or is a cognate. Only meanings that are used in the text are given.

Stem changes and spelling changes for verbs are indicated in parentheses when the verb is the main entry: **actuar (actúo), jugar (ue) (gu), requerir (ie, i)**. Since the Real Academia of Spain no longer considers **ch** or **ll** to be single letters, words containing **ch** are alphabetized following the letter combination **ce**, and those containing **ll** follow the letters **li**. Numbers in parentheses following an entry designate the chapter in which the entry appears in the **Vocabulario del tema**.

The following abbreviations are used:

adv.	adverb	*m.*	masculine
Arg.	Argentina	*Mex.*	Mexico
coll.	colloquial	*n.*	noun
conj.	conjunction	*pl.*	plural
f.	feminine	*p.p.*	past participle
fam.	familiar	*prep.*	preposition
fig.	figurative	*pron.*	pronoun
form.	formal	*s.*	singular
inf.	infinitive	*Sp.*	Spain
inv.	invariable	*v.*	verb
irreg.	irregular		

A

abajo below; **calle** (*f.*) **abajo** down the street

abalorio glass bead

abandonar to abandon

abiertamente frankly

abogado/a lawyer; **abogado/a albacea** executor (of a will)

abonar to pay (*interest*) (14)

abrazar (**c**) to embrace, hug (1)

abrir (*p.p.* **abierto/a**) to open, open up

absoluto: en absoluto not at all, absolutely none

absurdo/a absurd, ridiculous

abuelo/a grandfather, grandmother; **tío abuelo, tía abuela** great uncle, great aunt

abundar to abound

aburrirse to get bored

abusar (**de**) to abuse (13); to misuse

acá here

acabar to end; **acabar de** + *inf.* to have just (*done something*) (6)

acción *f.* action; *pl.* stocks, shares (14)

accionista *m., f.* stockholder, shareholder (14)

acento stress; accent mark

aceptación *f.* approval

aceptar to accept

acerca de *prep.* about, concerning

acercar (**qu**) to bring near; **acercarse** (**a**) to approach

acero steel

acertar (**ie**) to guess correctly; to hit the mark

acierto skill

aclamación *f.* acclaim

aclarar to clear up, make clear (5)

acompañar to accompany

aconsejar to advise (7)

acontecimiento event

acordarse (**ue**) **de** to remember (6)

acortar to reduce

acreedor(a) creditor (14)

actitud *f.* attitude

actividad *f.* activity

acto action, act; ceremony

actor, actriz (*pl.* **actrices**) actor, actress

actuación *f.* performance

actual present, current

actualidad *f.* present (*time*)

actuar (**actúo**) to behave, act

acudir a to turn to (*for advice, help*) (7)

acuerdo agreement; **estar** (*irreg.*) **de acuerdo** (**con**) to agree (with), be in agreement (with)

acumulado/a accumulated

acumulador *m.* battery (*fig.*)

acurrucarse (**qu**) to cuddle up

acusar to accuse

acusatorio/a accusing

acusón, acusona tattle-tale (11)

adaptar to adapt; **adaptarse a** to adapt oneself to (8)

adelante forward, ahead; **¡adelante!** go on!; **de hoy en adelante** from now on; **más adelante** farther on

ademán *m.* gesture

además moreover; **además de** besides, in addition to

adicto/a *n.* addict; *adj.* addicted; **ser** (*irreg.*) **adicto/a a** to be addicted to (13)

adiós good-bye (1)

adivinar to guess

adjuntar to attach, enclose

administrar to administer

admirar a to admire (11)

adónde *conj.* where; **¿adónde?** where (to)?

adopción *f.* adoption

adoptar to adopt

adoptivo/a: padres (*pl.*) **adoptivos** adoptive parents

adorar to adore

adornar to adorn

adorno adornment

advertir (**ie, i**) to warn, notify

aeropuerto airport

afecto affection

aficionado/a fan, enthusiast

afiliación (*f.*) **religiosa** religious affiliation (12)

afirmación *f.* assertion

afirmar to affirm, assert

afortunado/a fortunate

afrocubano/a *adj.* Afro-Cuban

agencia agency

agitación *n. f.* shaking

agobiante exhausting

agonía death throes

agradable agreeable

agradecer (**zc**) to thank (7)

agradecido/a grateful

agradecimiento gratitude

agravio offense, harm (5)

agregar (**gu**) to add

agricultor(a) farmer

agua *f.* (*but* **el agua**) water; **como pez fuera del agua** like a fish out of water (8)

aguantarse to control oneself

aguaprieta *f.* (*but* **el aguaprieta**) muddied water

aguja needle; **aguja indicadora** needle (*on a dial*)

ahogarse (**gu**) to drown

ahora now; **ahora bien** well, now then

ahorrar to save (14)

ahorros: cuenta de ahorros savings account (14)

aire *m.* air

aislado/a isolated

aislamiento isolation

ajedrez *m.* chess

ajeno/a someone else's; foreign, from elsewhere

ajetreo excessive activity

albacea *m., f.*: **abogado/a albacea** executor (of a will)

alcance *m.* range

alcancía store (*of a commodity*)

alcanzar (**c**) to attain, reach

alcohol *m.* alcohol (13)

alegrarse to be glad, be happy

alegre happy

alegría joy

Alemania Germany

alentar (ie) to encourage (7)

algo *pron.* something

alguien someone; **dirigirse (j) a alguien** to address someone (1); **fiarse (me fío) de alguien** to trust, rely on someone (11); **mofarse de alguien** to tease someone (11); **romper con alguien** to break up with someone (6); **tenerle (irreg.) envidia a alguien** to envy someone (11)

algún, alguno/a *adj.* some; any; **alguna vez** once, sometime

alimentarse to eat; to nourish oneself

allá there; **el más allá** the great beyond, the other world; **por allá** over there

allí there; **allí mismo** right there

alma *f.* (*but* **el alma**) soul

almacén *m.*: **grandes almacenes** department stores

almidonado/a starched

almohada pillow

almuerzo lunch

¡aló! hello!

alquilado/a rented

alquiler *n.m.* rent

alrededor: a su alrededor around oneself

alto/a tall; high; loud; **clase (f.) alta** upper class; **de tacón alto** high-heeled; **en voz alta** aloud

alumbrado *n.* lighting, light

alumno/a student

alzar (c) to raise, lift up

ama *f.* (*but* **el ama**) **de casa** mistress of the house; housewife

amado/a *adj.* beloved, loved

amante *m., f.* lover

amar to love (3)

amargo/a bitter; embittered

amarillo/a yellow

ambiente *m.* ambience (*fig.*); **medio ambiente** environment

ambos/as *pl.* both

ambulante: vendedor(a) ambulante traveling salesperson

amenazante threatening

amenazar (c) to threaten (9)

amigo/a friend

amistades *f. pl.* friendships (12); **trabar amistades** to make friends (1)

amonestar to reprimand (7); to warn (7)

amor *m.* love; *pl.* love affairs

amoroso/a amorous, loving

ampliación *f.* expansion

ampliar (amplío) to expand upon

amplio/a wide; large

ancho/a wide

anciano/a old, elderly; **asilo de ancianos** retirement home

andar *irreg.* to walk (around); **andar + inf.** to go around (*doing something*); **andar bien/mal** to be doing well/poorly (14)

angustiado/a upset (9)

anhelante *adj.* yearning, longing

anillo ring

animado/a lively, animated

animar to encourage

ánimo: tranquilidad (f.) de ánimo peace of mind (12)

aniquilación *f.* destruction

ansia *f.* (*but* **el ansia**) worry, anxiety

ansiedad *n.f.* anxiety

ante *prep.* before, in the presence of, in front of; in the face of

antepasado/a *n.* ancestor

anterior previous

antes *adv.* before; sooner; **antes de** *prep.* before; **antes de que** *conj.* before; **cuanto antes** as soon as possible

antigüedades *f. pl.* antiques

antiguo/a old; old-fashioned

antojarse to fancy; to wish for

anunciar to announce

anuncio advertisement; announcement

añadir to add

año year; **a los... años** at the age of . . . ; **tener (irreg.)... años** to be . . . years old

añoranza nostalgia, homesickness

añorar to miss, be homesick for (8)

apacible gentle

apaciguador(a) *n.* peacemaker (10); *adj.* appeasing

apagar (gu) to turn out (*lights*)

aparato apparatus, machine

aparecer(se) (zc) to appear

apariencia appearance

aparte *adv.* separate

apasionado/a emotional

apetecer (zc) to please, appeal to

aplausos *pl.* applause, clapping

aplicación *f.* application

aplicar (qu) to apply

Apocalipsis *m. inv.* Apocalypse, Revelation

apoderarse de to take possession of

apodo *n.* nickname

aportar to contribute (8)

apostar (ue) (a/por) to bet (on) (13)

apoyar to support (5)

apoyo support (5)

apreciar to appreciate (12); to value

aprender to learn; **aprender a + inf.** to learn to (*do something*) (6)

aprensivo/a *n.* worrier (10); *adj.* worried, apprehensive

apretar (ie) to press

apropiado/a appropriate

aprovechar to take advantage of

apuntar to write down, make a note of

apuntes *pl.* notes

apuro difficulty, crisis; danger

aquel, aquella: *adj.* that (*over there*); **en aquel entonces** in those days

aquí here

árbol *m.* tree; **árbol genealógico** family tree

archivo *s.* files

arder to burn

argumento argument; plot (*of a story*)

armadura armor

armas *pl.* arms, weapons; **servicio de las armas** military service

armonía harmony
armonioso/a harmonious
aro circle
arqueológico/a archaeological
arrancar (qu) to start up
arrendamiento: en arrendamiento rented
arriba *adv.* above; upstairs
arrodillarse to kneel down
arrogar (gu) to assume, adopt
arroz *m.* rice
arte *m.(but* **las artes**) art; **bellas artes** fine arts
artículo article (4)
ascendencia ancestry
ascendente prospering
ascender to rise (in status)
asegurar to insure; to assure
asemejarse to resemble
asesinar to assassinate, murder
así *adv.* thus; that's how; in that way; like that; **así es** that's how it is; **así que** therefore
asignar to assign
asilo de ancianos retirement home
asimilar to assimilate (8)
asistente *m., f.* assistant
asistir a to attend
asociar to associate
asomar to appear, begin to show
asombrar to amaze
aspecto aspect; appearance; trait
astilla splinter
astro star
astuto/a clever, shrewd (9)
asumir to assume, take on
asunto matter
ataque *m.* attack
atardecer *m.* late afternoon, dusk
atención *f.*: **prestar atención a** to pay attention to
atento/a attentive
atraer (*like* **traer**) to attract
atrapado/a trapped
atrás *adv.* back, backward; **hacia/para atrás** backward; **volverse (ue) atrás** to back out

atrasado/a late, overdue
atravesar (ie) to cross over, cross through
atribuir (y) to attribute
atrio atrium, central court
atroz (*pl.* **atroces**) atrocious, cruel
audacia audacity, bold behavior
auditivo/a auditory
aun even
aún still, yet
aunque although, even though
ausencia absence
autenticidad *f.* authenticity
autobús *m.* bus
autodidacto/a self-educated
autoevaluación *f.* self-evaluation
automóvil *m.* automobile
automovilístico/a: industria automovilística auto industry
autónomo/a autonomous, self-governing
autor(a) author
autoridad *f.* authority
autoritario/a overbearing (10)
autosacrificio self-sacrifice
avance *m.* advance
avanzar (c) to advance
averiguar (averigüo) to ascertain; to verify
avinagrado/a sour, embittered (*fig.*)
ayer yesterday
ayuda help (5); assistance; **solicitar ayuda** to ask for help (7)
ayudar to help (5)
azorado/a startled
azotar to beat
azucarado/a sugar-coated
azul blue

B

bailar to dance
bailarín, bailarina dancer
baile *n.m.* dance; (act of) dancing; **baile de gala** formal dance
bajar to come/go down; to get down

bajo *prep.* under, beneath
balada ballad
balanceado/a balanced
balneario spa
bancarrota bankruptcy (14)
banco bank (14)
banquero/a banker (14)
barco boat, ship
barrio neighborhood
basar(se) en to base on, be based on
báscula balance scale
base *f.* basis; **a base de** on the basis of
bastante *adv.* rather; quite
bastar to be sufficient, be enough
batería *s.* set of drums
batey *m.* group of buildings
batirse to fight
beber to drink
bebida drink
beca scholarship
beisbolista *m., f.* baseball player
bello/a beautiful; **bellas artes** fine arts
belleza beauty
bendito/a *n.* good soul, blessed person
beneficiar to benefit
beneficio benefit, advantage
beneficioso/a beneficial
benjamín, benjamina de la familia baby of the family (11)
besar (la mejilla) to kiss (one's cheek) (1)
beso kiss
bíblico/a biblical
biblioteca library
bien *adj.* good; *adv.* well; **andar** (*irreg.*) **bien** to be doing well; **llevarse bien (con)** to get along well (with) (10); **pensar (ie)** to think over carefully
bienes (*m. pl.*) **materiales** material possessions (12); **bienes raíces** real estate
bienestar *m.* well-being (12)
bienvenido/a *adj.* welcome

bilingüe bilingual (8)
bilingüismo bilingualism
bisabuelo/a great-grandfather, great-grandmother (2)
bisnieto/a great-grandson, great-granddaughter (2)
blanco/a white
blanquear to turn white
boca mouth
boda wedding; **copa de bodas** wedding goblet
bolsa stock market (14); **corredor(a) de bolsa** stockbroker (14)
bombardeo bombardment, bombing
bonito/a pretty
bono bond (14)
bordado *n.* embroidering
borde *m.* edge, verge
borrador *m.* first draft
bosquejo outline
botella bottle
botón *m.* button
bracero/a migrant worker
bravo/a *n.* brave person
brazo arm
breve short, brief
brillo shine, brilliance
brincar (**qu**) to jump, leap
brindar to make a toast (6); to toast
broche *m.* brooch
brotar to come out, appear
browser (*m.*) **de páginas** web browser (*computers*) (4)
brújula compass; **extraviarse (me extravío) la brújula** to lose one's bearings
brusco/a abrupt
buen, bueno/a good; **buena fama** good reputation; **¡bueno!** well!; **¿bueno?** hello? (*telephone greeting in Mexico*) (1); **buenos días** good morning (1); **en buena forma** in good (physical) shape
Burdeos Bordeaux (*region of France*)

burlarse de to make fun of (6)
busca search
buscador(a) search engine (*computers*)
buscar (**qu**) to look for
búsqueda search

C

caballo: emprenderla a caballo to set out on horseback
cabeza head
cabo corporal (*military*); **llevar a cabo** to carry out
cada *inv.* each; every; **cada vez más** more and more
cadera hip
caer *irreg.* to fall; to drop; **dejar caer** to drop; **hasta caer la noche** until nightfall
café *m.* coffee (14); café, coffee shop
caimán *m.* cayman, alligator
caja box
calabaza squash
calefacción *f.* heat
calidad *f.* quality
callado/a silent, quiet
callar to be quiet
calle *f.* street; **calle abajo** down the street
calvo/a bald
cama bed
cambiar(se) to change; **cambiar de parecer** to change one's mind
cambio change; **en cambio** on the other hand
caminar to walk
camino route, path (*fig.*); **camino de** toward
camión *m.* bus (*Mex.*)
camionero/a bus/truck driver
campana bell
campanario belfry, bell tower
campo area, field
caña sugar cane
canción *f.* song

cansarse to get tired
cantar to sing
cantidad *f.* quantity
caos *m. sing.* chaos
capacidad *f.* capacity
capacitado/a capable, able (9)
capaz (*pl.* **capaces**) capable, able
capitán *m.* captain
capítulo chapter
captar to capture; to grasp, understand
cara face; **cara a cara** face to face; **tener** (*irreg.*) **cara de...** to look (like a) . . .
caracterizar (**c**) to characterize
¡caray! brother!; damn!
carencia shortage
carente needy
cargar (**ue**) to carry; **cargarse de** to fill with; **cargarse de razón** to feel justified
caridad *f.* charity
caritativo/a charitable
cariño affection
cariñoso/a affectionate
caro/a expensive
carpeta file folder; briefcase
carrera career (12); profession
carta letter; **carta de marear** navigational chart
cartera wallet
cartón *m.* cardboard
casado/a *n.* married person; *adj.* married (2)
casarse (**con**) to get married (to) (2)
casa house; **ama** (*f. but* **el ama**) **de casa** mistress of the house; housewife
cáscara shell; peel
casi almost
caso case, circumstance
castigar (**gu**) to punish
catedral *f.* cathedral
católico/a: Reyes (*m. pl.*) **Católicos** (King Ferdinand and Queen Isabella)

causa cause; **a causa de** because of
causar to cause
ceja eyebrow
celebrar to celebrate
celoso/a jealous (10)
celular: teléfono celular cellular telephone (4)
cementerio cemetery
cena dinner, supper
cenar to have dinner
Cenicienta Cinderella
centavo cent
centella spark
centrarse en to center, focus on
centro center
cerca de near, close
cerebro brain
ceremonia ceremony
cerrar (ie) to close
certeza certainty; **con certeza** definitely
certidumbre *f.* certainty
certificado de nacimiento birth certificate
chambelán *m.* escort
charco puddle
chico/a boy, girl
chileno/a *adj.* Chilean
chillar to shriek
chismear to gossip (6)
chismes *m. pl.* gossip, rumors
chismoso/a *n.* gossip (10); *adj.* gossiping
chocante shocking
chorro stream
chozo hut
cielo sky
ciencia science; **ciencia ficción** science fiction
científico/a scientist
cierto/a true; certain, definite; **de cierto** for certain
cifra number, figure
cine *m.* cinema, movies
cinético/a kinesthetic, related to movement
cinta tape
cinturón *m.* belt

círculo circle
cita quote; appointment; date
citar to cite, quote
ciudad *f.* city
ciudadano/a citizen (8)
civil courteous; **estado civil** marital status (2); **guerra civil** civil war
clarificar (qu) to clarify
claro/a *adj.* clear, distinct; **claro (que sí)** *interj.* of course
clase *f.* class; **clase alta** upper class; **clase media** middle class
cláusula clause
clave *adj. inv.* key
clavo nail
clima *m.* climate
clínica clinic
cobija blanket
cobrar to charge (14); to collect, earn
coche *m.* car
cochino/a filthy
cocina kitchen
cocinero/a cook
coco coconut
cocotazo blow on the head
codicilo codicil, addition to a will
código (area) code
coger (j) to grab
cognado cognate
cohibir (cohíbo) to restrain
coincidir to coincide, agree
colaborar to collaborate, cooperate
colega *m., f.* colleague
colegio primary or secondary school
colgar (ue) (gu) to hang; to hang up (4)
colocar (qu) to put, place
colorado/a red
columpio swing
combinar to combine
combinatorio/a combining
combustible *m.* fuel
comentar to comment on
comentario commentary, remark
comenzar (ie) (c) to begin

comer to eat; **comerse** to eat up; **dar** (*irreg.*) **de comer** to feed
comercial *m.* advertisement, commercial; *adj.* commercial
comestible *m.* food, foodstuff
cómico/a comic, funny; **tiras cómicas** comic strips (4)
comida food; meal
comienzo *n.* beginning
como like; as; **como para** as if to; **como pez fuera del agua** like a fish out of water (8); **llevarse como perros y gatos** to get along like cats and dogs (11)
cómo how
¿cómo? how?; **¿cómo está Ud.?** how are you? (*form.*) (1); **¿cómo estás?** how are you? (*fam.*) (1); **¿cómo se llama Ud.?** what's your name? (*form.*) (1); **¿cómo te llamas?** what's your name? (*fam.*) (1)
cómodo/a comfortable
compañero/a partner, companion
compañía company
comparación *f.* comparison
comparar to compare
compartir to share
completo/a: por completo completely
complicarse (qu) to become complicated, become difficult
comportamiento behavior
comportarse to behave; **comportarse mal** to misbehave
comprar to buy
compras *f. pl.* shopping, purchases
comprender to understand
comprensión *f.* comprehension; understanding
comprensivo/a understanding (9)
comprobar (ue) to check (out); to verify
comprometido/a engaged
compromiso commitment
computadora computer (4)
común common, ordinary; **en común** in common

comunicar(se) (**qu**) to communicate; to convey

concentrar to focus, concentrate

conciso/a concise

concordancia agreement, harmony

concreto/a specific, definite

concurso contest, competition

condensar to condense

conducir *irreg.* to lead

conectar to connect

conejo rabbit

confesar (**ie**) to admit

confiabilidad *f.* trustworthiness

confianza confidence, trust

confiar (**confío**) (**en**) to trust (in) (3); to confide (in) (11)

confidencialidad *f.* confidentiality (3)

confirmar to verify, confirm

confirmación *f.* verification, confirmation

conformar to conform

confortar to comfort (7)

confundido/a confused

conjetura conjecture, guess

conmigo with me

conocer (**zc**) to meet (1); to know (1); to be familiar with

conocido/a *adj.* known; well-known, famous

consagrar to dedicate

conseguir (*like* **seguir**) to get, obtain

consejero/a counselor (10)

consejo (*piece of*) advice; *pl.* advice

consentido/a spoiled (*child*) (10)

consentir (*like* **sentir**) to spoil (*a child*) (10)

conservar to preserve

considerar to consider

consigo mismos/as among themselves

consistir en to consist of

consolar (**ue**) to console (7); to comfort

constituir (**y**) to constitute, make

consultar to consult

consumir to consume, use up; to turn off

contacto: ponerse (*irreg.*) **en contacto** to get in touch

contador (*m.*) **eléctrico** electric meter

contante: dinero contante y sonante cash

contar (**ue**) to count; to tell, recount; **contar con** to count on (5)

contemporáneo/a contemporary, current

contener (*like* **tener**) to contain

contenido content, contents

contentarse to be satisfied, be content

contento/a happy, contented

contestar to answer, reply; to respond to

contigo with you

continuación *f.*: **a continuación** following, next

continuar (**continúo**) to continue

contra against; **en contra de** against

contra *n. m.*: **los pros y los contras** the pros and cons

contraer (*like* **traer**) to contract; to omit (*part of a word*)

contraído/a contracted

contraloría general *federal office in charge of reviewing government expenditures*

contrario/a: al contrario to the contrary; **por el contrario** on the contrary

contrastar to constrast

contratar to hire (6)

contribuir (**y**) to contribute

controlador(a) controller, controlling person (10)

controlar to control (3)

convencer (**z**) to convince (9)

converger (**j**) to converge, come together

convertir (**ie, i**) to change, turn; to convert; to turn into

convincente convincing

copa stemmed glass; glassful; **copa de bodas** wedding goblet

copia copy

corazón *m.* heart

corredor(a) de bolsa stockbroker (14)

correo mail; **correo electrónico** electronic mail (e-mail) (4)

correr to run

correspondiente corresponding

corrido *typical Mexican song*

corriente *n.f.* (electric) current; *adj.* current; ordinary; **cuenta corriente** checking account (14)

cortar to shorten

corte *f.* (*royal*) court

cortés polite, courteous

cortesía courtesy

corto/a brief, short (*in length*)

cosa thing; affair

cosecha harvest

costa coast

costar (**ue**) to cost; **costarse** + *inf.* to be difficult to (*do something*)

costoso/a costly

costumbre *f.* custom; habit

cotidiano/a everyday, daily

creador(a) *n.* creator; *adj.* creative

crear to create; to establish

creces *f. pl.*: **con creces** amply

creciente growing

crédito: secretario/a de hacienda y crédito público secretary of the public treasury

creencia conviction, belief

creer (**y**) to believe; to think, be of the opinion

creíble credible, believable

crema cream

criatura baby, small child

crimen *m.* crime

crítica criticism

crucigrama *m.* crossword puzzle

cruz *f.* (*pl.* **cruces**): **punto de cruz** cross-stitching

cruzar (**c**) to cross

cuadra (city) block

cualquier, cualquiera (*pl.* **cualesquiera**) *pron.* whatever, any one; *adj.* any, just any

cuando when; **de vez en cuando** now and then

cuanto antes as soon as possible; **en cuanto** as soon as; **en cuanto a** as to, as for

cuarto room; quarter; **compañero/a de cuarto** roommate

cubano/a *n., adj.* Cuban

cuello neck

cuenta account (14); bill (14); **cuenta corriente** checking account (14); **cuenta de ahorros** savings account (14); **darse** (*irreg.*) **cuenta de** to realize (5); **hacerse** (*irreg.*) **cuenta** to take note; **tener** (*irreg.*) **en cuenta** to bear in mind

cuento story

cuero leather

cuerpo body

cuestión *f.* question, issue

cuidador(a) caretaker (10)

cuidadoso/a careful (9)

cuidar to take care of

culpa guilt; blame; **echar la culpa** to blame

culpabilidad *f.* guilt

cumpleaños *m. inv.* birthday; **fiesta de cumpleaños** birthday party

cumplir to carry out, realize; **cumplir con un deber** to fulfill an obligation

cuñado/a brother-in-law, sister-in-law (2)

curación *f.* cure, treatment

curarse to recover, get well

cursivo/a: letra cursiva italics

D

dama lady

danés, danesa *n.* Dane

dañar to harm, hurt (3)

dañino/a damaging (13)

dar *irreg.* to give; **dar de comer** to feed; **dar la mano** to shake hands (1); **dar las gracias** to thank; **dar un paso** to take a step; **darse cuenta de** to realize (5)

datos *pl.* data, information

debajo de under, underneath

debatir to debate, discuss

deber *v.* ought to, should; must; *n.m.* duty, obligation; **cumplir con un deber** to fulfill an obligation

debido a owing, due to

década decade

decidir to decide (9)

decir *irreg.* to say; to tell; **es decir** that is to say; **querer** (*irreg.*) **decir** to mean;

decisión *f.*: **tomar una decisión** to make a decision

declarar to declare

declinar to wane

dedicar (**qu**) to devote; **dedicarse** to dedicate oneself

dedo finger; **dedo de pie** toe

deducir (*like* **conducir**) to deduce

definir to define

definido/a defined, definite

definitivo/a definitive, final

dejar to leave; to let, allow; **dejar caer** to drop; **dejar de** + *inf.* to stop (*doing something*) (6); **dejar salir** to let out

deletrear to spell

delgado/a thin, slim

demás: los/las demás the others, the rest

demasiado *adv.* too; too much

demonio: ¿qué demonios es eso? what the heck is that?

demostrar (**ue**) to show, demonstrate

dentro de in, inside of, within

departamento apartment

depender to depend

dependiente *adj.* dependent

deporte *m.* sport

deportista *m., f.* sports fan

deportivo/a sporting

depositar to deposit (14)

depósito reservoir, storage deposit

derecho *n.* right, privilege; *adv.* straight, directly

derecho/a *adj.* right, right-hand; **a la derecha** on the right

derivado/a derived

desacuerdo disagreement

desafiante challenging

desafío challenge (5); difficult situation

desafortunado/a unfortunate

desahucio eviction

desamparado/a abandoned, alone (9)

desaparecer (**zc**) to disappear, vanish

desaparecido/a *n.* vanished, kidnapped (*person*); *adj.* vanished

desarrollado/a developed

desarrollar to develop

desarrollo development

desayuno breakfast

descansar to rest

descargar (**gu**) to discharge; to release

descifrar to decipher

desconectar to disconnect

desconfiado/a suspicious (6)

desconfiar (**desconfío**) to distrust (9)

desconocido/a unknown; **persona desconocida** stranger

desconocimiento ignorance

descortés discourteous, impolite

describir (*p.p.* **descrito/a**) to describe

descrito/a (*p.p.* of **describir**) described

descubrimiento discovery

descubrir (*p.p.* **descubierto/a**) to discover

desde from; since; **desde entonces** since then; **desde lejos** from afar

desear to want, desire

desempeñar to carry out; **desempeñar un papel** to play a role (10)

desenfrenado/a unrestrained

desentenderse (**ie**) **de** to take no part in

deseo *n.* wish, desire

desesperación *f.* despair

desesperado/a despairing

desesperarse to despair, lose hope (9)

desfigurado/a disfigured

desgarrón *m.* rip, tear

desierto desert

deslizarse (**c**) to make a mistake

deslumbrante brilliant, dazzling

desmaquillarse to remove one's make-up

desnudo/a naked

despacho office

despacio *adv.* slowly

despectivo/a disparaging

despedazar (**c**) to shatter

despedida *n.* farewell, good-bye, leavetaking (1)

despedir (*like* **pedir**) to fire (6); **despedirse** (**de**) to say good-bye (to) (1)

despertar(se) (**ie**) to awaken

desprecio disdain

desprender to detach; to pull up; **desprenderse** to emanate

después *adv.* after, afterward; **después de** *prep.* after; **después de que** *conj.* after

desquite *m.* revenge

destacar (**qu**) to stand out

destapar to take the lid off

desterrar (**ie**) to exile (8)

destinado/a intended

destinatario/a addressee (4)

destruir (**y**) to destroy; **destruirse** to self-destruct

desventaja disadvantage

detalle *m.* detail

deteriorarse to deteriorate, wear out

determinar to determine, find out

detrás *adv.* behind; **detrás de** *prep.* behind, in back of

deuda debt (14)

devanarse los sesos to rack one's brains

devolución *f.* return (14)

devolver (**ue**) (*p.p.* **devuelto/a**) to return (*something*)

devorar to devour (*fig.*)

día *m.* day; **buenos días** good morning (1); **hoy en día** nowadays; **todo el día** all day; **todos los días** every day

diamante *m.* diamond

diario/a *adj.* daily

dibujar to draw, sketch

dibujo drawing, sketch

dicha happiness, good fortune

dicho/a (*p.p.* of **decir**): **dicho y hecho** no sooner said than done

dictadura dictatorship

dictar to dictate

diferir (**ie, i**) to differ

difícil difficult

difundido/a widely known

difunto/a *n.* dead, deceased (*person*)

digno/a worthy

dineral *m.* fortune

dinero money; **dinero contante y sonante** cash

Dios (*m.*) **lo quiera** God willing; **¡por Dios!** for Heaven's sake!

dirección *f.* address

dirigirse (**j**) **a** (**alguien**) to address (someone) (1)

disco record; disk; **disco duro** hard disk

discordia: **manzana de la discordia** *anything that produces dissention among people*

disculpar to excuse, pardon

discurso speech

discusión *f.* debate; argument; discussion

discutir to argue (11); to debate

diseñar to design

disfrazado/a de disguised as

disfrutar to enjoy

disminución *f.* diminution, decrease

disminuido/a short person

disponible available

distancia distance; **larga distancia** long distance

distanciamiento estrangement

distanciarse to have a falling out (6), to become estranged (6)

distinguir (**g**) to distinguish

distinto/a different, distinct

dividirse to divide, split into

divorciado/a divorced (2)

divorciarse (**de**) to become divorced (from) (2)

divulgar (**gu**) to divulge, disclose

doble double; **doble sentido** double meaning

docena dozen

documental *m.* documentary

dolor *m.* pain

doméstico/a: **trabajo doméstico** household chore

dominar to dominate

don, doña *title of respect used before a person's first name*

dormir (**ue, u**) to sleep

dramaturgo/a playwright

dramatizar (**c**) to dramatize, act out

droga drug

duda doubt

dueño/a owner; proprietor

dulce *m.* candy, sweet

duplicarse (**qu**) to reproduce oneself

durante during

durar to last, endure

duro/a: **disco duro** hard disk

E

echar to toss; to shove; **echar a** + *inf.* to start (*doing something*); **echar de menos** to miss (1); **echar la culpa** to blame

economizar (**c**) to save (*money*)

edad *f.* age; **menor** (*m., f.*) **de edad** minor, underage person

edificio building

editorial *m.* editorial (4)

efectivo: **en efectivo** cash

eficaz (*pl.* **eficaces**) effective

egoísta *adj., m., f.* egotistic (10); selfish

ejecutar to function

ejemplo example; **por ejemplo** for example

ejercer (**z**) to practice (*a profession*) (6)

ejercicio exercise
elaborar sobre to elaborate on
electrónico/a: correo electrónico electronic mail (e-mail) (4); **red** (*f.*) **electrónica mundial de información** World Wide Web (4)
elegir (**i, i**) (**j**) to choose, select (9)
elemental elementary, basic
eliminar to eliminate
elogio eulogy, praise
embarcar (**qu**) to embark; to sail
embargo: sin embargo nevertheless
emigrar to emigrate (8)
emitir to express, utter
empacado/a packed
emparejar to match, pair up
empezar (**ie**)(**c**) to start, begin; **empezar a** + *inf.* to begin to (*do something*) (6)
empleado/a employee
emplear to use, employ
empleo job, employment
empollón, empollona bookworm; nerd
emprender to begin; **emprenderla a caballo** to set out on horseback
empresa firm, company (14)
empresario/a manager, director
empujar to push
enamorado/a *n.* sweetheart; person in love; *adj.* in love
enamorarse to fall in love
encaje *m.* lace
encalado/a whitewashed
encantado/a *interj.* delighted; pleased to meet you
encantar to charm, delight; to love
encarcelado/a in jail
enchufar to plug in
encima: por encima superficially
encontrar (**ue**) to find; **encontrarse con** to meet up with, run into
encubrir (*p.p.* **encubierto/a**) to conceal
encuentro meeting, encounter

encuesta survey
enemigo/a enemy
enérgico/a vigorous
enfadarse to get angry
énfasis *m. inv.* emphasis
enfatizar (**c**) to stress, emphasize
enfermo/a sick
enfoque *m.* focus
enfrentarse (**con**) to confront (5); to be faced (with) (5)
enfrente de in front of
engancharse to get caught on
engañado/a deceived
engañar to deceive (3)
engaño deception
enlazado/a linked, connected
enlazar (**c**) to link, connect
enojado/a angry
enorme enormous
enredarse to get tangled up, get confused
enriquecer (**zc**) to enrich
ensartar to thread (*a needle*)
ensayar to practice
ensayo essay
enseñar to teach; to show; **enseñar a** + *inf.* to teach to (*do something*) (6)
entablar to start up
entender (**ie**) to understand; **entenderse con** to get along with (11)
enterarse (**de**) to find out (about) (4)
entidad *f.* entity, being
entonces then; **desde entonces** since then; **en aquel entonces** in those days
entrar en to enter
entre between; among; **entre sí** among themselves
entreabierto/a half-open
entrega delivery, handing over
entregar (**gu**) to deliver; to hand over
entrenamiento training
entrenarse to train
entretejer to intertwine

entrevista interview
entrevistar to interview
entrometerse to interfere, meddle (6)
entusiasmado/a enthusiastic
entusiasmar to enthuse; **entusiasmarse** to become enthusiastic
enviar (**envío**) to send (4)
envidia envy; **tenerle** (*irreg.*) **envidia** (**a alguien**) to envy (someone) (11)
época era; period (*time*)
equilibrio balance
equivocarse (**qu**) to make a mistake (6)
errar (**yerro**) to wander
errata erratum, mistake
escaleras *pl.* stairs
escalón *m.* step
escándalo uproar
escaparse to escape
escena scene
escoger (**j**) to choose, select
escoltar to escort
escondidas *pl.*: **a escondidas** secretly
escribir (*p.p.* **escrito/a**) to write
escrito/a (*p.p.* of **escribir**) written
escritor(a) writer, author
escritorio desk
escuchar to listen (to); to hear
escuela school; (**escuela**) **primaria** elementary school
esencia: en su esencia essentially
esfera sphere
esfinge *f.* sphinx
esforzarse (**ue**)(**c**) to try
eso *pron.* that; that matter; **por eso** therefore; **¿qué demonios es eso?** what the heck is that?
espacial spatial, in space
espacio space
espalda *n.* back
espantar to scare away
español *m.* Spanish (language)
español(a) *n.* Spaniard; *adj.* Spanish; **de habla española** Spanish-speaking

espectáculo: mundo de los espectáculos entertainment industry
espejo mirror
esperanza hope
esperar to wait; to hope
espíritu *m.* spirit; **tranquilidad** (*f.*) **del espíritu** peace of mind (12)
esposo/a husband, wife; spouse
esqueleto skeleton
estabilidad *f.* stability
estable stable
establecer (**zc**) to establish; **establecerse** to take up residence
estadio stadium
estado state; condition; **estado civil** marital status (2); **Estados Unidos** United States
estadounidense *n. m., f.* United States citizen; *adj.* of/from the United States
estallar to break out
estampilla stamp
estancia stay, visit
estar *irreg.* to be; **¿cómo está Ud.?** how are you? (*form.*) (1); **¿cómo estás?** how are you? (*fam.*) (1); **estar de acuerdo** (**con**) to agree, be in agreement (with); **estar por** + *inf.* to be about to (*do something*)
estatura height, stature
estatus (*m. inv.*) **social** social status (12)
estética *sing.* esthetics, study of beauty
estilo style
estimar to esteem (12); to respect
estrecho/a close
estrella star
estrellado/a starry
estremecer (**zc**) to shiver, tremble
estres *m. sing.* stress
estuche *m.* jack-of-all trades
estudiante *m., f.* student
estudiar to study
estudio *n.* study
estupefaciente *n. m.* narcotic (13)
etapa stage, phase

etiqueta: de etiqueta formal
euforia euphoria
evaluar (**evalúo**) to evaluate (12)
evitar to avoid (5)
evocar (**qu**) to evoke
exagerar to exaggerate
exhibir to display
exhortar (**a**) to urge, incite (to) (7)
exigente demanding (9)
exiliado/a person in exile (8)
exiliar to exile (8)
exilio *n.* exile
existir to exist
éxito success; **tener** (*irreg.*) **éxito** to be successful (5)
exitoso/a successful
expectativa expectation
experimentar to experience (8)
explicación *f.* explanation
explicar (**qu**) to explain
explicativo/a explanatory
explorar to explore
exponer (*like* **poner**) to expose; to put forth
expositorio/a *adj.* expository, putting forth facts
expresar to express
extensible extendible
extenuar (**extenúo**) to weaken
extranjero *n.m.* abroad, foreign country
extranjero/a foreigner (8)
extrañar to miss (6)
extraño/a strange
extraviarse (**me extravío**) **la brújula** to lose one's bearings
extremo *n.* extreme
extrovertido/a extroverted (10); outgoing

F

fácil easy
facilitar to facilitate
falda skirt
falla failure, fault
fallar to break down
fallecido/a *n.* dead (person), deceased

falsificado/a falsified, fake
falta: por falta de for lack of
faltar to be lacking; to need; to be absent
fama fame (12); reputation; **buena fama** good reputation
familia family
familiar *m.* family member; close friend; *adj.* familiar; of the family
fantasía fantasy; imagination
fatal unfortunate; fatal
favor *m.* favor; **a favor de** in favor of; **por favor** please
felicidad *f.* happiness (12)
feligrés, feligresa church member
feliz (*pl.* **felices**) happy
feo/a ugly
fiarse (**me fío**) **de alguien** to trust, rely on someone (11); **ser de fiar** to be reliable, trustworthy (11)
ficción *f.*: **ciencia ficción** science fiction
fichero (computer) file
fiebre *f.* fever
fiel faithful
fiera wild beast (*fig.*)
fiesta party; **fiesta de cumpleaños** birthday party
figura figure; number
figurar to be important, be notable
fijar to set, determine; **fijarse en** to pay attention to; to notice
fijo/a steady
fila line; row
fin *m.* end; objective; purpose; **al fin de** at the end of; **en fin** in short, in summary; **por fin** finally
final *m.* end, ending; **a finales de** at the end of
financiar to finance (14)
financiero/a financial
finanzas *pl.* finances (14)
finca property; ranch
fingido/a feigned, false
fino sherry
flamenco *type of Spanish dance and music*

flamenco/a *adj.* Flemish
florecer (**zc**) to flourish, thrive; to bloom
florido/a flowered; flowery
fogón *m.* fire
folleto pamphlet
fondo fund; depth; *pl.* funds (14); **a fondo** in depth
forastero/a foreigner (8); outsider
forma form; manner; **en buena forma** in good (physical) shape
formar to form
foro forum
fracasar to fail (5)
fraguar (**gü**) to create, forge
franquear to pay postage (4)
frasco small bottle
fraternal brotherly
frecuentar to frequent, "hang out in"
frente *n.f.* forehead; *n.m.* front (*military*); **al frente** in the front; **en frente de** *prep.* in front of
frontera border, limit
fructuoso/a fruitful, productive
fucsia fuschia-colored, purplish-red
fuego fire
fuente *f.* source
fuera out, outside; **como pez fuera del agua** like a fish out of water (8)
fuerte strong; great; loud; intense
fuerza power, force; **fuerza motriz** motivating force
fugaz (*pl.* **fugaces**) fleeting, brief
fulgor *m.* brilliance, radiance
fumar to smoke
función *f.:* **en función de** in terms of
funcionar to operate, work (*machinery*)
funcionario/a official, civil servant
fútbol *m.* soccer
futbolista *m., f.* soccer player

G

gala: baile (*m.*) **de gala** formal dance
galeón *m.* galleon (*sailing ship from 15th to 17th centuries*)

gallina hen
ganadería cattle raising (14)
ganancia *sing.* earnings, profit (14)
ganar to earn; to win
ganas *pl.* desire; **tener** (*irreg.*) **ganas de** + *inf.* to feel like (*doing something*)
garantía guarantee, warranty
gastar to spend (14)
gasto expenditure, outlay; *pl.* expenses (14)
gato/a cat; **llevarse como perros y gatos** to get along like cats and dogs (11)
gaviota seagull
gemelos/as *pl.* twins (2)
genealógico/a: árbol (*m.*) **genealógico** family tree
general: por lo general in general, usually
generar to generate
género genre
genio/a genius
gente *f. s.* people
geranio geranium
gesto gesture
gigante gigantic
girar to whirl, gyrate
gobernador(a) governor
gobernar (**ie**) to govern
gobierno government
golondrina swallow (*bird*)
golosina piece of candy
golpe *m.* blow, hit
gongo gong
gordo/a fat; huge
gorguera bandana
gótico/a Gothic
gozar (**c**) **de** to enjoy
grabar to record
gracia skill; good graces; *pl.* thanks; **dar** (*irreg.*) **las gracias** to thank; **muchas gracias** thank you very much
gracioso/a funny (10)
grado: en igual grado to the same degree

gran, grande large; great; **grandes almacenes** department stores
grave serious
gringo/a *n.* North American
gris gray
gritar to shout; to scream
grito shriek
grosero/a crude
grueso/a thick
guapo/a handsome, attractive
guardapelo locket
guardar to keep; to maintain; to store; **guardar rencor** to hold a grudge; **guardar silencio** to keep quiet; **guardar** (**un secreto**) to keep (a secret) (3)
guardería daycare center
guardia *n. m.* guard
gubernamental governmental
guerra war; **guerra civil** civil war
guerrero/a *adj.* battle; of war
guión *m.* script
gustar to please, be pleasing to; to like; **gustar** + *inf.* to like to (*do something*)
gusto: a gusto comfortably; **con mucho gusto** with pleasure

H

haber *irreg.* to have (*auxiliary v.*); there be (*inf.* of **hay**); **haber de** + *inf.* to be necessary to (*do something*), must (*do something*)
hábil skillful
habilidad *f.* ability, skill
habitado/a inhabited
habla *n.:* **de habla española** Spanish-speaking
hablar to speak; to talk
hacer *irreg.* to do; to make; **hacer** + *period of time* (*period of time*) ago; **hacer** + *period of time* + **que** to be (*period of time*) that; **hacer preguntas** to ask questions; **hacer turnos** to take turns; **hacer un papel** to play a role; **hacerse** to become; **hacerse** + *profession* to become a (*profession*) (6); **hacerse cuenta** to take note

hacia toward; **hacia adelante** forward; **hacia atrás** backward

hacienda property; farm; **secretario/a de hacienda y crédito público** secretary of the public treasury

haronear to walk sluggishly, to lag

hartarse to become fed up

hasta *adv.* until; up to; even; **hasta caer la noche** until nightfall; **hasta entonces** until then; **hasta que** *conj.* until

hazmerreír *m.* laughingstock

hecho *n.* event; **de hecho** in fact

hecho/a (*p.p.* of **hacer**) done; made; **dicho y hecho** no sooner said than done

heredad *f.* rural property

heredar to inherit; to bequeath

heredero/a heir

herencia inheritance

herido/a *n.* injured person; *adj.* injured

herir (**ie, i**) to injure

hermanastro/a stepbrother, stepsister (2)

hermano/a brother, sister; **medio hermano, media hermana** half brother, half sister (2)

hierro iron accessory

hijastro/a stepson, stepdaughter (2)

hijo/a son, daughter; **hijo/a del medio** middle child (11); **hijo/a mayor** oldest child (11); **hijo/a menor** youngest child (11); **hijo único, hija única** only child

hilo *n.* thread

hipoteca mortgage (14)

hipótesis *f. inv.* hypothesis

hispánico/a *adj.* Hispanic

hispano/a *n.* Hispanic

hispanohablante Spanish-speaking

historia history; story

historieta comic book (*Arg.*)

hogar *m.* home (12)

hogareño/a domestic, of the home

hoja de lata tin

hola hello (1)

hombre *m.* man

hora time; **a primera hora** first thing in the morning; **ya es hora** it's (about) time

horario schedule

horizonte *m.* horizon

horno de microondas microwave (oven)

horóscopo horoscope (4)

horquilla curved prongs (*on a hammer*)

hoy today; **de hoy en** *period of time* within (*period of time*); **de hoy en adelante** from now on; **hoy en día** nowadays; **hoy mismo** this very day

huérfano/a orphan (2)

huerto orchard

hueso bone

huevo egg

humano/a: ser (*m.*) **humano** human being

húmedo/a humid

humilde humble, shabby

humillado/a humbled; humiliated

humillante humiliating

humor: sentido del humor sense of humor

humorístico/a humorous

humoroso/a humorous

I

idear to think up, invent

identidad *f.* identity (3)

identificar (**qu**) to identify

idioma *m.* language

iglesia church

igual equal; same; **en igual grado** to the same degree; **igual que** the same as

ilusionado/a thrilled

ilustre illustrious

imagen *f.* image (3)

imaginar(se) to imagine

imperio empire

importar to be important (12); to matter

imprenta printing house

imprescindible indispensable

improvisado/a impromptu, extemporaneous

impuesto tax (14)

impulsar drive

inaudito/a extraordinary, unheard of

incertidumbre *f.* uncertainty

incluir (**y**) to include

incluso *adv.* even

incorporar to incorporate

indagar (**gu**) to investigate (7)

indicaciones *f. pl.* directions

indicado/a recommended; suitable

indicador(a): aguja indicadora needle (*on a dial*)

indicar (**qu**) to indicate

indígena *adj. m., f.* indigenous, native

indivíduo *n.* individual

índole kind, type

indudable certain

industria automovilística automobile industry; **industria médica** medical industry

industrial *m.* industrialist

inercia inertia

inesperado/a unexpected

infantil *adj.* infant, of an infant

infeliz *n. m., f.* (*pl.* **infelices**) poor wretch

influir (**y**) (**en**) to influence, have an influence (on) (12)

información *f.:* **red** (*f.*) **electrónica mundial de información** World Wide Web (4)

informar to inform; **informarse** to find out (9)

informática information technology (*computers, etc.*) (14)

informático/a *adj.* computer, of computers

informe *m.* report

Inglaterra England

inglés *m.* English (*language*)

ingrato/a disagreeable, unpleasant

ingresos *pl.* income (14)
iniciar to initiate; to start
injuria injury; damage
injusto/a unjust, unfair
inmediato/a: de inmediato immediately
inmenso/a immense; endless
inmigrar to immigrate (8)
inolvidable unforgettable
inoportuno/a inopportune, untimely (6)
inquietud *f.* restlessness, uneasiness
inscrito/a (*p.p.* of **inscribir**) registered
inseguridad *f.* insecurity
insistir (**en**) to insist (upon) (6)
inspirar to inspire
instalar to install; **instalarse** to settle
instigador(a) instigator (10)
insultar to insult
integrar to add in
intentar to try
intercambiar to exchange
intercambio *n.* exchange
interés *m. sing.* interest; interest (*financial*) (14); *pl.* **intereses personales** self-interests
Internet *m.* Internet (4)
interpretar to interpret; to play (a role)
interrumpir to interrupt
íntimo/a *n.* family member, close friend; *adj.* intimate
introducir (*like* **conducir**) to introduce
introvertido/a introverted (10)
intruso/a intruder
inútil useless
invadir to invade
inventar to invent, make up
inverosímil unlikely (6)
inversión *f.* investment (14)
inversionista *m., f.* investor (14)
invertir (**ie, i**) to invest (14)
investigar (**gu**) to investigate (4)
invitado/a guest
invitar (**a**) to invite (to) (6)
involucrado/a involved

ira anger, fury
ir *irreg.* to go; **ir** + *present participle* to proceed, continue to (*do something*); **ir a** + *inf.* to be going to (*do something*); **ir a juicio** to go to trial/court; **ir de mal en peor** to go from bad to worse; **irse** to leave, go away
irresoluble unsolvable
izquierda: a la izquierda on the left

J

jalar to pull
jamás never, not ever
jamón *m.* ham
jardín *m.* garden
jefe/a boss
joven *n. m., f.* young man, young woman; **de joven** as a child; *adj.* young
jubilación *f.* retirement
júbilo joy
juego play; game; gambling (13); **juego de palabras** play on words
juez(a) (*pl.* **jueces**) judge
jugador(a) gambler (13)
jugar (**ue**)(**gu**) to play; to gamble (13)
juguete *m.* toy
juicio: ir (*irreg.*) **a juicio** to go to trial/court
juntar to bring together
junto a next to, near; **de junto** next-door
juntos/as *pl.* together
jurarse to swear to oneself
justificar (**qu**) to justify; to defend
juzgar (**gu**) to consider

K

kermés *f. sing.* church fair, bazaar
kilovatio kilowatt

L

labio lip
lado: al lado de next to; **por otro lado** on the other hand; **por un lado** on the one hand

lamentar to be sorry (5); to regret (5)
lámpara lamp
lanza spear
largo/a long; abundant; **a largo plazo** long-term; **a lo largo** throughout; **larga distancia** long distance
lata: hoja de lata tin
látigo whip
laudable praiseworthy
lavanda lavender
lavaplatos *m. inv.* (electric) dishwasher
lazo bond, tie
leal loyal
lectura *n.* reading
leer (**y**) to read
legalizar (**c**) to legalize
lejano/a distant
lejos far; **a lo lejos** distant; **desde lejos** from afar
lengua tongue; language; **sin pelos en la lengua** without mincing one's words
lenguaje *m.* speech
lento/a slow
leña firewood
letra letter (*of alphabet*); handwriting; words; *pl.* literature; **al pie de la letra** to the letter; **de puño y letra** handwritten; **letra cursiva** italics
levantamiento de pesas weightlifting
levantar to raise; **levantarse** to get up
leve slight
léxico/a lexical, of vocabulary
leyenda legend
librar to free, liberate
libre free (*independent*)
libro book
licenciatura bachelor's degree
licuadora: tromba licuadora whirlpool, jacuzzi
líder *m., f.* leader; **líder sindical** union leader
ligero/a lightweight

limitarse to limit oneself
límite *m.* limit, boundary
limpieza cleanliness
lindo/a pretty
línea line
lío trouble, mess
liquidar con to pay off, settle with
lírico/a *n.* lyric poet
llama flame
llamada (telephone) call
llamar to call; **¿cómo se llama Ud.?** what's your name? (*form.*) (1); **¿cómo te llamas?** what's your name? (*fam.*) (1); **llamarse** to be called, be named
llanto weeping
llegada arrival
llegar (**gu**) **a** to arrive (6); to come to; **llegar a** + *inf.* to become, come to (*do something*) (6); to manage to (*do something*)
llenar to fill
lleno/a full
llevar to take; to carry; to wear; to have; to lead; **llevar a cabo** to carry out; **llevarse bien/mal** (**con**) to get along well/poorly (with) (10); **llevarse como perros y gatos** to get along like cats and dogs (11)
llorar to cry
localizar (**c**) to locate, find
loco/a: medio loco/a half crazy
locura insanity
lograr to achieve
luchar to fight; to struggle
luego then; later
lugar *m.* place; **en lugar de** instead of; **tener** (*irreg.*) **lugar** to take place
lujurioso/a lustful
luna moon
luz (*pl.* **luces**) light

M

madera wood
madrastra stepmother (2)
madre *f.* mother

madrugada dawn
maestro/a *n.* teacher; *adj.* master; **obra maestra** masterpiece
mal *adv.* badly, poorly; **andar** (*irreg.*) **mal** to be doing poorly (14); **comportarse mal** to misbehave; **ir** (*irreg.*) **de mal en peor** to go from bad to worse; **llevarse mal** (**con**) to get along poorly (with) (10)
mal, malo/a *adj.* bad; ill
maldito/a damned, lousy
malentendido misunderstanding
maleta suitcase
malla dancer's tights; mechanical spring
malvado/a wicked
mamá *f.* mama, mommy
mami *f.* mommy (*coll.*)
mandar to send (4); to govern
mandón, mandona bossy (6)
manejar to manage
manera way; manner; **a la manera de** like, in the manner of; **de manera que** *conj.* so that; **de todas maneras** anyway, at any rate
manía mania, craze
maníaco/a maniac
mano *f.* hand; **dar** (*irreg.*) **la mano** to shake hands (1); **manos a la obra** let's get to work; **tener** (*irreg.*) **muchas manos** to be very skillful
mantel *m.* tablecloth
mantener (*like* **tener**) to maintain, keep; **mantenerse** to stay
manzana de la discordia *anything that produces dissention among people*
mañana *n.* morning
maquillaje *m.* makeup, cosmetics
máquina machine
mar *m., f.* sea
maravilla marvel, wonder
marvilloso/a marvelous
marca mark; brand name
marcar (**qu**) to dial (4)
marcha departure

marchante/a merchant
marear: carta de marear navigational chart
marido husband, spouse
marinero/a sailor
marroquí *n. m., f.* (*pl.* **marroquíes**) Moroccan
marrueco/a *adj.* Moroccan
Marruecos *m.* Morocco
martillo hammer
mascota pet
matar to kill
materia subject (*school*)
material: bienes (*m. pl.*) **materiales** material possessions (12)
matiz *m.* (*pl.* **matices**) aspect, nuance
matrimonio marriage (12)
matutino/a *adj.* morning, of the morning
máximo/a maximum
mayor *n. m., f.* adult; *adj.* older; oldest; greater; greatest; **hijo/a mayor** oldest child (11)
mayoría majority; **en su mayoría** for the most part
mediador(a) mediator (10)
mediados *pl.* halfway through; **a mediados de** in the middle of
mediano/a medium
mediante by means of
médico/a *n.* physician, doctor; *adj.* medical; **industria médica** medical industry
medida measure
medio *n.* middle; means; medium; *pl.* media; *adv.* half; **de en medio** in the middle; **hijo/a del medio** middle child (11); **medio loco/a** half crazy; **por medio de** by means of
medio/a *adj.* middle; half; **clase** (*f.*) **media** middle class; **medio ambiente** environment; **medio hermano, media hermana** half brother, half sister (2)
medir (**i, i**) to measure

mejilla: besar (la mejilla) to kiss (one's cheek) (1)

mejor better; best; **pensarlo (ie) mejor** to give it a second thought

mejorar to improve

mencionar to mention

menor n. m., f. child; **hijo/a menor** youngest child (11); **menor de edad** minor, underage person; adj. younger; youngest

menos less; least; **al menos, a lo menos** at least; **echar de menos** to miss (1); **más o menos** more or less; **por lo menos** at least

mensaje m. message

mensual monthly

mente f. mind

mentir (ie, i) to lie (3)

mentira lie (3)

menudo/a: a menudo often, frequently

mercader m., f. merchant

mercado market

mérito merit

mes m. month

mesa table

mesero/a server

metal m. metal

metalúrgico/a metallurgical, pertaining to metals

meter en to put in

método method

méxicoamericano/a n., adj. Mexican American

mezcla mixture

microcuento very short story

microonda: horno de microondas microwave (oven)

miedo: tener (irreg.) miedo to be afraid

miembro member

mientras adv. while; **mientras (que)** conj. while; whereas; **mientras tanto** meanwhile

militar m. member of the armed forces; adj. military

mimado/a spoiled (child) (10)

mimar to spoil (a child) (10)

mimo/a pampered child

mínimo/a minimal, small

minucioso/a adj. minute, thorough

mirar to look at; to watch

mismo/a same; very; **allí mismo** right there; **consigo mismos/as** among themselves; **el mismo / la misma** + name (name) himself, herself; **ellos mismos** (they) themselves; **hoy mismo** this very day

mitad f. half

mixto/a mixed

moda: de moda fashionable

modificar (qu) to change, modify

modismo idiomatic expression

modo way, style, fashion

mofarse de alguien to tease someone (11)

mohoso/a moldy

molestar to bother, annoy

molestia bother, annoyance

molesto/a annoying (10)

momento: en todo momento at all times

monarca m., f. monarch

monetario/a monetary

mono monkey; comic strip (Mex.)

moreno/a dark-skinned; brunet, brunette

morir(se) (ue, u) (p.p. muerto/a) to die

mostrar (ue) to show

motivo motive; cause

motriz adj. (pl. **motrices**): **fuerza motriz** motivating force

mover (ue) to move

muchacho/a boy, girl

muchedumbre f. crowd

mucho/a adj. much, a lot of; pl. many; a lot of; **con mucho gusto** with pleasure; **muchas gracias** thank you very much; **muchas veces** often; **tener (irreg.) muchas manos** to be very skillful

mudarse to move (change residence)

muelle n. m. dock, wharf; adj. soft

muerte f. death

muerto/a n. dead, deceased person; adj. dead; p.p. of **morir** died

muestra demonstration, example

mujer f. woman; wife; **mujer soldado** female soldier

mundial adj. world, of the world; **red (f.) electrónica mundial de información** World Wide Web (4)

mundo n. world; **mundo de los espectáculos** entertainment industry; **Nuevo Mundo** New World

músico/a musician

mutuamente mutually; **protegerse (j) mutuamente** to protect each other (11)

N

nacer (zc) to be born

nacimiento birth; **certificado de nacimiento** birth certificate

nada nothing, not anything; **nada más** just

nadie nobody, not anybody

narcótico n. narcotic (13)

narrador(a) narrator

narrar to narrate, tell

natal adj. native; of birth; **tierra natal** homeland

naturaleza nature

naturalismo naturalism, realism

naturalista m., f. naturalistic, realistic

navegar (gu) la red to "surf the net" (4)

necesidad f. necessity

necesitar to need

necio/a foolish (9)

negocio n. business (14); pl. business (in general); **de negocios** adj. business

negrero/a slave driver

nene/a baby

ni neither, not either, nor; not even; **ni... ni** neither . . . nor; **ni siquiera** not even

nicotina nicotine (13)

nieto/a grandson, granddaughter

niñería childish act

niñez (*pl.* **niñeces**) childhood

niño/a baby; small child; **niño/a de pecho** nursing baby

nivel *m.* level

noche *f.* night; **hasta caer la noche** until nightfall

nocturno/a nocturnal

nombrar to name; to call

nombre *m.* name; **nombre de pila** given name, first name

norteamericano/a *n., adj.* North American

nos us, to us; **nos vemos** we'll be seeing each other (1)

nostálgico/a nostalgic; homesick

nota note; grade, mark

notar to notice, note

noticia item of news; *pl.* news (4)

novedades *f. pl.* latest fashions

novio/a boyfriend, girlfriend; fiancé, fiancée; groom, bride

nube *f.* cloud (*fig.*)

nudo knot

nuera daughter-in-law (2)

nuevas *n. pl.* news

nuevo/a new; **de nuevo** again; **Nuevo Mundo** New World

número number

numeroso/a numerous

nunca never, not ever; **nunca más** never again

nutritivo/a nutritious

O

obispo bishop

obligado/a obligated

obra work; **¡manos a la obra!** let's get to work!; **obra maestra** masterpiece

obrero/a *adj.* working

obsequiar to give away

observador(a) observant

observar to observe

obsesionarse (**por/con**) to be obsessed (with) (13); to obsess (about) (13)

obtener (*like* **tener**) to obtain, get

obviedad *f.:* **con toda obviedad** in the open

obvio/a obvious

ocasión *f.* opportunity

ocio leisure time; idleness

ocultar to hide (3)

ocupado/a occupied; busy

ocupar to occupy

ocurrir to happen, occur, take place

oda ode

odiar to hate (3)

oferta *n.* offer

oficio work, job; memo, official notice

ofrecer (**zc**) to offer

oído (inner) ear

oír *irreg.* to hear

¡ojalá... ! let's hope that . . . !

ojo eye; **¡ojo!** (be) careful!

olvidar to forget; **olvidarse de** to forget to (6)

olvido forgetfulness, forgetting

omitir to omit, leave out

ómnibus *m.* bus

opinar to think, have an opinion

oportuno/a opportune, timely (6)

optativo/a optional

opuesto/a (*p.p. of* **oponer**) contrary, opposite

oración *f.* sentence; prayer

orden *m.* order (*alphabetical, chronological, etc.*); *f.* command; **a sus órdenes** at your service

ordenación *f.* arrangement

ordenador *m.* computer

ordenar to put in order; to (give an) order

oreja (outer) ear

orfanato orphanage

organizador(a) organizer (10)

organizar (**c**) to organize

orgulloso/a proud

oro gold

oscurecido/a darkened, muddied

oscuridad *f.* darkness

oscuro/a *adj.* dark

otorgar (**gu**) to grant, give

otro/a *pron., adj.* other; another; **otra vez** again; **por otro lado** on the other hand

oyente *m., f.* auditor (*in a class*)

P

paciencia patience

paciente *n. m., f.* patient

padecer (**zc**) (**de**) to suffer (from) (13)

padrastro stepfather (2)

padre *m.* father; priest; senior; *pl.* parents; **padres adoptivos** adoptive parents

pagar (**gu**) to pay

página page; **browser** (*m.*) **de páginas** web browser (*computers*) (4)

país country, nation

pájaro bird

palabra word; promise

pálido/a pale

palma palm tree

palo stick

palpitante burning (*fig.*)

pan *m.* bread

pantalla screen

papá *m.* papa, daddy

papel *m.* paper; role; **desempeñar un papel** to play a role (10); **hacer** (*irreg.*) **un papel** to play a role

papi *m.* daddy (*coll.*)

paquete *m.* package

par *m.* pair, couple

para for; to; in order to; **como para** as if to; **para atrás** backward; **para que** *conj.* so that; **para siempre** forever

paradero *sing.* whereabouts

parado/a standing

parecer *n. m.* opinion; **parecer** (**zc**) *v.* to seem; **al parecer** apparently; **cambiar de parecer** to change one's mind; **parecerse** to

resemble each other; **¿qué le/te parece?** what do you think?
parecido/a similar
pared *f.* wall
pareja pair; couple; partner
parentesco relationship
pariente, parienta relative
párrafo paragraph
parte *f.* part; **¿de parte de quién?** who's calling?; **por parte de** on behalf of; on the part of; **por todas partes** everywhere
Partenón *m.* Parthenon
particular *n. m.* matter, point; *adj.* special
partida departure
partido party (*politics*), faction
partir: a partir de starting from
pasado *n.* past
pasaje *m.* passage; **pasaje de regreso** return ticket
pasar to pass; to happen; to spend (*time*); **pasar a** proceed to; **pasar por** to go through; to stop by; **¿qué pasa?** what's happening?; what's wrong?
pasatiempo pastime
pasear(se) to take a walk, walk around
paso step; **dar** (*irreg.*) **un paso** to take a step
pastel *m.* pastry; pie; cake
pastelería bakery
pastilla pill
pasto grass
pataleo *n.* kicking
patético/a *adj.* touching
patria homeland
paulatinamente little by little
paz *f.* (*pl.* **paces**) peace
pecho chest; breast; courage; **niño/a de pecho** nursing baby
pedaleo *n.* pedaling (*exercise*)
pedazo piece
pedido *n.* request
pedir (**i, i**) to ask for, request
pelear(se) to fight (11); to quarrel

película movie
peligro danger
pellejo skin
pelo: sin pelos en la lengua without mincing one's words
pendiente *adj.* pending
penoso/a distressing
pensamiento thought
pensar (**ie**) to think; **pensar** + *inf.* to plan to (*do something*); **pensar bien** to think over carefully; **pensar en** to think about; **pensarlo mejor** to give it a second thought
peor worse; worst; **de mal en peor** from bad to worse
pequeño/a *n.* child; *adj.* small
perder (**ie**) to lose
pérdida loss
perdón *m.* forgiveness
perdonar to forgive (3); to excuse, pardon
periódico newspaper
periodista *m., f.* journalist, reporter
perjudicar (**qu**) to harm, damage (13)
perjudicial harmful, detrimental (13)
permitir to allow, permit
pero but
perpetuo/a perpetual
perplejo/a perplexed
perro dog; **llevarse como perros y gatos** to get along like cats and dogs (11)
persona person; **persona desconocida** stranger
personaje *m.* character; celebrity
personal: intereses (*m. pl.*) **personales** self-interest
perspicaz (*pl.* **perspicaces**) keen, acute
persuadir to persuade (9)
pertenecer (**zc**) to belong
perteneciente a pertaining to
pertinente pertinent
pesar to weigh
pesas *pl.* weights; **levantamiento de pesas** weightlifting

peseta *monetary unit of Spain*
pésimo/a terrible
pez *m.* (*pl.* **peces**): **como pez fuera del agua** like a fish out of water (8)
pibe/a kid, child (*Arg.*)
picar (**qu**) to itch, prickle
pie *m.* foot; **al pie de la letra** to the letter; **dedo de pie** toe
piedra rock
pila: nombre (*m.*) **de pila** given name, first name
pintar to paint
pintura painting; paint
piso floor; story
pista clue; track
pizarra chalkboard, blackboard
plácido/a calm
plaga plague
plana: primera plana front page (4)
plantear to set forth
plazo: a largo plazo long-term
plegaria supplication, prayer
pluma feather
pobre unfortunate, poor
poco *n.* little bit; small amount; *adv.* shortly; not very; **poco a poco** little by little
poco/a *adj.* little; *pl.* few; **poco tiempo** short while
poder *irreg.* to be able, can
poderoso/a powerful
poesía poetry
poeta *m.* poet
policía *m.* policeman
político/a *n.* politician; *adj.* political
polvo dust
ponencia paper (*presented at a conference*)
poner *irreg.* to put; to give (*a name, title, etc.*); **ponerse** to put on; to get, become; **ponerse a** + *inf.* to begin to (*do something*); **ponerse en contacto** to get in touch
por for; through; by; because of; around; about; out of; in order to;

estar por + *inf.* to be about to (*do something*) **pasar por** to go through; to stop by; **por completo** completely; **¡por Dios!** for Heaven's sake!; **por ejemplo** for example; **por el contrario** to the contrary; **por encima** superficially; **por eso** therefore; **por falta de** for lack of; **por favor** please; **por fin** finally; **por lo general** in general, usually; **por lo menos** at least; **por otro lado** on the other hand; **por parte de** on behalf of; on the part of; **por qué** why; **¿por qué?** why?; **por supuesto** of course; **por todas partes** everywhere; **por un lado** on the one hand; **terminar por** + *inf.* to end up (*doing something*)

porque because
porvenir *m.* future
poseer (**y**) to have, possess
posponer (*like* **poner**) to postpone
póstumo/a posthumous
pote *m.* jar, pot
pozo *n.* well
práctica practice
practicar (**qu**) to practice
precio price, cost
precioso/a precious
preciso/a precise, exact
precoz (*pl.* **precoces**) precocious
predominar predominate
preferir (**ie, i**) to prefer
prefijo prefix
pregunta *n.* question; **hacer** (*irreg.*) **preguntas** to ask questions
preguntar to ask
premio prize, award
prensa press (4)
preocupación *f.* concern; worry
preocupado/a concerned; worried
preocuparse (**por**) to worry (about) (13)
preparar to prepare
preparativo preparation
presenciar to be present at

presentar to present; to introduce
presentimiento premonition
preso prisoner
préstamo loan (14)
prestar to lend (14); **prestar atención a** to pay attention to
presumido/a conceited (10)
previo/a previous
previsto/a (*p.p. of* **prever**) anticipated
primario/a: (**escuela**) **primaria** primary, elementary school
primer, primero/a first; **a primera hora** first thing in the morning; **primera plana** front page (4)
primo/a cousin
primogénito/a first-born child
principio *n.* beginning; **al principio** at/in the beginning; at first
privado/a private; **vida privada** privacy (3)
privilegio privilege
pro: los pros y los contras the pros and cons
probabilidad *f.* probability
probar to taste
procedente de (coming) from
procesión *f.* procession, series
producir (*like* **conducir**) to produce
proferir (**ie, i**) to express, utter
profesión *f.:* **hacerse** + *profession* to become a (*profession*) (6)
profesional *n., adj.* professional
profesionista *n. m., f.* professional
profundo/a deep; obscure; heartfelt
prolífico/a prolific, productive
prometedor(a) promising
prometer to promise
promocionar to promote
pronóstico (**del tiempo**) weather forecast (4)
pronto soon
pronunciar to pronounce
propiedad *f.* property

propietario/a owner
propio/a own, one's own; characteristic; appropriate
proponer (*like* **poner**) to propose; to intend, plan
propósito objective
propuesto/a (*p.p. of* **proponer**) proposed, suggested; put forward
proseguir (*like* **seguir**) to proceed
protegerse (**j**) **mutuamente** to protect each other (11)
provecho profit
provenir (*like* **venir**) **de** to come from
provocar (**qu**) to provoke, incite; to cause
próximo/a near
prueba proof; test
pseudónimo pseudonym
psicólogo/a psychologist
psiquiatra *m., f.* psychiatrist
psíquico/a mental
publicar (**qu**) to publish (4)
público/a: secretario/a de hacienda y crédito público secretary of the public treasury; **servicio público** public service (12)
pueblo town, village; people
puerta door
puerto port, harbor
puertorriqueño/a *n., adj.* Puerto Rican
pues well, alright; since
puesto *n.* position, job; place; **renunciar a** (**un puesto**) to quit (a position) (6)
puesto/a (*p.p. of* **poner**) put, put on; **tener** (*irreg.*) **puesto/a** to wear, have on
¡puf! ugh!, yuck!
pulsera bracelet
punta tip
punto point; **a punto de** on the verge of, about to; **punto de cruz** cross-stitching; **punto de vista** point of view

puño: de puño y letra handwritten

puro/a pure; very

Q

que that; which; what; who

qué which; what; who

¿qué? which?; what?; who?; **¿qué tal?** how's it going? (1)

quebrarse to break, get broken

quedar to be left; to remain; to have left; to be (*location*); **quedarse** to stay; to be left

quehaceres *m. pl.* chores, tasks

querer *irreg.* to want; to love; **Dios** (*m.*) **lo quiera** God willing; **querer decir** to mean

querido/a *n.* dear; *adj.* beloved, loved; dear; **ser** (*m.*) **querido** loved one

químico/a *adj.* chemical

quitar to take away; to remove; **quitarse** to take off (*clothing*)

quizá(s) perhaps

R

rabieta temper tantrum

radio *m.* radio (*apparatus*); *f.* radio (*medium*) (4)

radiofónico/a *adj.* radio

raíz *f.* (*pl.* **raíces**) root; **bienes** (*m. pl.*) **raíces** real estate

rama branch

ramificación *f.* limb

ranchero *typical Mexican song*

rapidez *f.* rapidity, speed

rápido/a rapid, quick

raqueta racquet

raquetbol racquetball

raro/a odd; strange

rascarse (**qu**) to scratch oneself

rasgo characteristic, trait

rato while, (short) time

rayo flash of lightning

raza race (*ethnic*)

razón *f.* reason; **cargarse** (**gu**) **de razón** to feel justified; **no tener** (*irreg.*) **razón** to be wrong; **tener** (*irreg.*) **razón** to be right

razonable reasonable

razonamiento reasoning

reaccionar to react

realidad *f.* reality; **en realidad** in fact, actually

realista *m., f.* realistic

realizar (**c**) to achieve (5); to carry out; to form

realmente really, truly

reanudar to resume (6); to renew (6)

rebelde *m., f.* rebel (10)

rebosante overflowing

recado message

rechazar (**c**) to reject (5); to refuse

recibir to receive; to accept

recibo receipt (14)

reclamación *f.* claim

reclamar to claim

recoger (**j**) to pick up; to collect

recomendar (**ie**) to recommend (7)

recompensa reward

recompensado/a compensated; remunerated

reconfortante comforting

reconfortar to comfort (9)

reconocer (**zc**) to recognize

recontar (**ue**) to recount, repeat

reconvención *f.* countercharge (*legal*)

recopilar to compile

recordar (**ue**) to remember; to remind

recorte *m.* clipping (*newspaper, magazine*)

recrear to recreate

recreo recreation

recuerdo recollection, memory

recurrir a to have recourse to

recurso resource

red *f.* net; **navegar** (**gu**) **la red** to "surf the net" (4); **red electrónica mundial de información** World Wide Web (4)

redactar to write (4); to edit (4)

redondo/a round

reducir (*like* **conducir**) to reduce, decrease

reencuentro re-encounter

referente a relating to, concerning

referir (**ie, i**) to refer

reflejar to reflect

reflexionar to reflect, ponder

refrán *m.* saying, proverb

refrescar (**qu**) to refresh

refugiado/a *n.* refugee (8)

regalar to give (*as a gift*)

regalo gift

regañar to scold (7)

regazo lap

regir (**i, i**) (**j**) to apply, be in force

regresar to return

regresión *f.* regression

regreso *n.* return; **pasaje** (*m.*) **de regreso** return ticket

rehusar (**rehúso**) to refuse

reírse (**i, i**) to laugh

relación *f.* relationship; connection

relacionarse con to be related to

relajación *f.* relaxation

relatar to recount, tell

relato story, narrative

religioso/a: afiliación (*f.*) **religiosa** religious affiliation (12)

remedio solution

remitente *m., f.* sender (4)

remordimiento remorse

remoto/a remote

rencor *m.* resentment (5); **guardar rencor** to hold a grudge

renta rent

renunciar a to resign, quit (6); **renunciar a** (**un puesto**) to quit (a position) (6)

repasar to review

repaso *m.* review

repente: de repente suddenly

repetir (**i, i**) to repeat

repleto/a replete, full

reportaje *m.* report, feature

reportero/a reporter

representación *f.* performance

representar to represent; to perform

reprochar to reproach
repujado/a embossed
requerir (ie, i) to require
rescatar to rescue
residir to reside
resolver (ue) (*p.p.* **resuelto/a**) to resolve (7); to solve; to work out
respecto: con respecto a with respect to, with regard to
respetar to respect
resplandor *m.* radiance
responsable responsible
respuesta answer, reply, response
restar to take away, subtract
resuelto/a (*p.p.* of **resolver**) resolved
resultado *n.* result
resultar to prove, turn out (to be)
resumen *m.* summary; **en resumen** in summary, in short
resumir to condense; to summarize
retirar to withdraw (*cash*) (14); **retirarse** to withdraw, leave
retrato portrait
reunión *f.* meeting; gathering
reunir (reúno) to gather, bring together; **reunirse** to meet; to get together
revelar to reveal (3); to disclose
revés: al revés backward, in the opposite way; to the contrary
revisar to check, look over
revista magazine
revolucionar to revolutionize
rey *m.* king; **Reyes Católicos** King Ferdinand and Queen Isabella
rico/a rich; magnificent
ridículo/a ridiculous
riesgo risk
rigidez *f.* rigidity
rimar to rhyme
rincón *m.* corner
riqueza wealth (12)
risa laugh, laughter
ritmo rhythm
rito ritual
rivalizar (c) (con) to rival, compete (with) (11)

rizar (c) to curl
rocío dew
rodear to surround
rodilla: de rodillas kneeling, on one's knees
rojo/a red
romper (*p.p.* **roto/a**) to break; **romper a** + *inf.* to suddenly begin to (*do something*); **romper (con alguien)** to break up (with someone) (6)
ron *m.* rum
ropa clothing
rosa rose; rose pink; **rosa salmón** salmon pink
rostro face
roto/a (*p.p.* of **romper**) broken; torn
ruido noise
ruina ruin
rumbo course
rutina routine

S

sabelotodo *m.* know-it-all
saber *irreg.* to know; to learn, find out; **saber** + *inf.* to know how to (*do something*)
sabio/a *adj.* wise (9)
sabor *n. m.* taste, flavor
sacar (qu) to take; to take out, pull out; to obtain, get; to bail out
sacrificar (qu) to sacrifice
sagrado/a holy
sala room; parlor
salir (*irreg.*) to leave; to go out; to come out, emerge; to get out; **dejar salir** to let out; **salir bien** to succeed, do well; **salir con** to date, go out with
salmón *m.*: **rosa salmón** salmon pink
salón salon; drawing room
salud *f.* health (12)
saludable healthy (13)
saludar to greet (1)
saludo greeting (1)
salvaje *n. m., f.* savage

salvar to save, rescue
salvo/a: a salvo saved, rescued
sanar to recover (*health*)
sangre *f.* blood
satisfacer (*like* **hacer**) to satisfy
satisfecho/a (*p.p.* of **satisfacer**) satisfied
seco/a dry
secuoya sequoia
secretario/a de hacienda y crédito público secretary of the public treasury
secreto secret; **guardar un secreto** to keep a secret (3)
seguido/a continuous; behind, following; **en seguida** right away
seguir (i, i) (g) to follow; to continue
según according to
segundo *n.* second (*time*)
segundo/a *adj.* second
seguro/a certain, sure; reliable
sellar to seal
selva jungle
semana week
semanal weekly
semejante similar
semejanza similarity
sencillo/a simple; plain
sencillez *f.* simplicity
sentado/a seated
sentarse (ie) to sit, sit down
sentido meaning; sense; **doble sentido** double meaning; **sentido del humor** sense of humor
sentir (ie, i) to feel; to be sorry; **sentirse** to feel
señalar to indicate
señor *m.* gentleman; Mister; sir
señora lady; Mrs.; madame
señorita Miss
señorito young gentleman
separado/a separated (2)
separar to divide
ser *v. irreg.* to be; *n. m.* being; **así es** that's how it is; **o sea** that is to say; **ser adicto/a a** to be addicted to (13); **ser de fiar** to be reliable,

trustworthy (11); **ser humano** human being; **ya es hora** it's (about) time

serio/a serious; **en serio** seriously

servicio service; **servicio de las armas** military service; **servicio público** public service (12)

servidor(a) servant (*fig.*)

servir (i, i) to serve; to be useful

seso: devanarse los sesos to rack one's brains

sí *pron.* oneself; **entre sí** among themselves

siempre always; **para siempre** forever

siglo century

significado meaning, significance

significar (qu) to mean

significativo/a significant

signo sign, symbol

siguiente following; next

silbido *n.* whistling

silencio silence; **guardar silencio** to keep quiet

silla chair

simpático/a likeable, friendly

simular to simulate

sin without; **sin embargo** nevertheless; **sin pelos en la lengua** without mincing one's words

sindical *adj.* union, trade union; **líder** (*m.*) **sindical** union leader

sino but, but rather

síntoma *m.* symptom

sintonizar (c) to tune in

siquiera if only; **ni siquiera** not even

sitio place; site

situarse (me sitúo) to be set; to be located

sobrante *adj.* surplus, excess

sobre about; upon; above; over; **sobre todo** above all

sobrepasar to surpass

sobresaliente outstanding

sobrevivencia survival

sobrevivir to survive (5)

sobrino/a nephew, niece

social: estatus (*m.*) **social** social status (12)

sociedad *f.* society

socorrer to help (5)

socorro help (5)

sol *m.* sun

solamente only

soldado, mujer soldado soldier, female soldier

soler (ue) + *inf.* to tend to, usually (*do something*); to be accustomed to (*doing something*)

solicitar (ayuda) to ask for (help) (7)

solícito/a obliging, solicitous

solo/a *adj.* alone; single

sólo *adv.* only; **sólo que** *conj.* except that

soltar (ue) (*p.p.* **suelto/a**) to let go, loosen; to blurt out

soltero/a single (2)

solucionar to solve (7); to resolve

sombra shadow; shade; darkness

sombrerera box for storing hats

sombrero hat

someter a to subject to

son *m.* sound; *popular Cuban dance*

sonante *adj.* jingling; **dinero contante y sonante** cash

sonar (ue) to sound; to ring (*telephone*); **sonar a** to sound like

sonido sound

sonreír (i, i) to smile

sonrisa smile

soñar (ue) to sleep; to dream

sopor *m.* drowsiness, lethargy (13)

soportar to put up with, tolerate

sordo/a muffled

sorprender to surprise; to catch unawares

sorpresa surprise

sospechoso/a suspicious

sostén *m.* breadwinner

suave soft; gentle

suavizar (c) to soften

subir to climb, go up; to rise

súbito/a sudden, unexpected; **de súbito** suddenly

subsecuente subsequent

subterráneo/a *adj.* underground

suceder to happen, take place

sucedido/a: lo sucedido event; what happened

sucesión *f.* series

suceso occurrence, event

Sudamérica South America

suegro/a father-in-law, mother-in-law (2)

sueldo salary

sueño *n.* sleep; dream

suerte *f.* luck, fortune; **tocar (qu) la suerte** to be lucky

sufijo suffix

sufrir to suffer (13)

sugerencia suggestion

sugerir (ie, i) to suggest (7)

suministrar to provide

superar to overcome (5)

suplementario/a supplemental, additional

suplicante *adj.* pleading

suplirse to make up for, substitute for

suponer (*like* **poner**) to suppose, assume

supuesto/a (*p.p. of* **suponer**) imaginary; **por supuesto** of course

surgir (j) to arise, appear

suspirar to sigh

sustancia substance

sustitución *f.* substitution

sustituir (y) to substitute

sustituto *n.* substitute, replacement

susto fright, scare

T

tabla table

tablero chalkboard

tacaño/a stingy; deceitful

tacón *m.*: **de tacón alto** high-heeled

taita grandpa (*coll.*)

tal such, such a; **¿qué tal?** how's it going? (1); **tal como** just as; **tal vez** perhaps

tamaño size

también also, too

tambor *m.* drum

tampoco neither, not either

tapiz (*pl.* **tapices**) tapestry

tararear to hum

tardar to delay; **tardar en** + *inf.* to take (*time*) to (*do something*)

tarde *n. f.* afternoon; *adj.* late; **de tarde en tarde** now and then

tarea task; homework

tarjeta verde green card (8)

tatarabuelo/a great-great grandfather, great-great grandmother (2)

taza cup

teatro theater

tebeo comic strip (*Sp.*)

técnica technique

tedio tedium

tejer to knit

tele *f.* television (*coll.*)

telefónica *f.* telephone company

telefónico/a *adj.* telephone, phone

teléfono celular cellular telephone (4)

telegrama *m.* telegram (4)

telenovela soap opera

televisión *f.* television (*medium*) (4)

televisor *m.* television set

telón *m.* curtain

tema *m.* theme; topic

temblar (**ie**) to tremble, shake

temer to be afraid; to fear

temor *m.* fear

temporada period

temprano *adv.* early

tenaz (*pl.* **tenaces**) tenacious, persistent (9)

tender (**ie**) **a** + *inf.* to tend to (*do something*)

tener (*irreg.*) to have; **no tener razón** to be wrong; **tener... años** to be . . . years old; **tener cara de...** to look (like a) . . . ;

tener en cuenta to bear in mind; **tener éxito** to be successful (5); **tener ganas de** + *inf.* to feel like (*doing something*); **tener lugar** to take place; **tener miedo** to be afraid; **tener muchas manos** to be very skillful; **tener que** + *inf.* to have to (*do something*); **tener que ver con** to have to do with; **tener razón** to be right; **tenerle envidia** (**a alguien**) to envy (someone) (11)

tentador(a) tempting

tentar (**ie**) to tempt

teoría theory

tercer, tercero/a third

terminación *f.* ending

terminar to finish; to end; **terminar por** + *inf.* to end up (*doing something*)

término term

ternura tenderness, sympathy

tertulia get-together, social gathering

testamento will, testament

tiempo time; weather; (verb) tense; **poco tiempo** short while; **pronóstico (del tiempo)** weather forecast (4)

tienda store, shop

tierno/a affectionate; gentle

tierra ground; land, country; **tierra natal** homeland

tío/a uncle, aunt; **tío abuelo, tía abuela** great-uncle, great-aunt

tipificar (**qu**) to typify

tipo type, kind; fellow, guy (*coll.*)

tira (comic) strip; **tiras cómicas** comic strips (4)

tirar to throw

tiritar to quiver

titulado/a titled

titular *m.* headline (4)

título title

tobillo ankle

tocadiscos *m. inv.* record player, stereo

tocar (**qu**) to touch; to play (*musical instrument*); to be one's turn; to be up to one; **tocar la suerte** to be lucky

todavía still; yet

todo *adv.* completely, every inch

todo/a *adj.* all; each; every; *pl. pron.* everyone; **de todas maneras** anyway; **en todo momento** at all times; **por todas partes** everywhere; **sobre todo** above all; **todo el día** all day; **todos los días** every day

tomar to take; to drink; to make; **tomar una decisión** to make a decision; **tomarse** to take

tono tone

tonto/a foolish

toxicómano/a drug addict (13)

trabajador(a) worker, laborer

trabajar to work

trabajo *n.* work; **trabajo doméstico** household chore

trabar to initiate; **trabar amistades** to make friends (1)

traducción *f.* translation

traducir (*like* **conducir**) to translate

traer *irreg.* to bring

tragar (**gu**) to swallow

traición *f.* betrayal (3)

traidor(a) traitor

traje *m.* suit; dress; ensemble

trama plot, storyline

tramo flight (*of stairs*)

tranquilidad *f.* tranquility, calmness; **tranquilidad de ánimo / del espíritu** peace of mind (12)

transferencia *n.* transfer, transferring

transformar to transform

transmitir to transmit, pass on

tras behind

trascendental far-reaching; very important

trastornar to disrupt

trastorno disturbance

tratar to treat; **tratar** (**con**) to deal (with) (6); **tratar de** to be about (6); **tratar de** + *inf.* to try to (*do something*)

través: a través de through; across

tren *m.* train

triste sad

tristeza sorrow, sadness

tromba licuadora whirlpool, jacuzzi

trompeta trumpet

tropezarse (**c**) to bump into

trópico *n. sing.* tropics

trote *m.* jogging

turco/a *n.* Turk

turnarse to take turns

turno turn; **hacer** (*irreg.*) **turnos** to take turns

tutear *to address someone as* **tú**

U

último/a *adj.* final, last; latest; *pron.* the last one

umbral *m.* threshold

único/a *adj.* only; unique; **hijo único, hija única** only child

unido/a close-knit; **Estados Unidos** United States

unidad *f.* unity; unit

unir to unite, hold together

universitario/a *adj.* university, of the university

urbano/a urban, of the city

urgente urgent

usar to use

uso *n.* use

usuario/a user

usurpado/a usurped, wrongfully taken

útil useful

utilidad *f.* utility

utilizar (**c**) to use, make use of

V

vacaciones *f. pl.* vacation; **de vacaciones** on vacation

vacío emptiness

vacío/a empty

valer (*irreg.*) to be worth

valor *m.* value, worth

vano/a: en vano in vain

vara yardstick

variante *f.* variant, version

variar (**varío**) to vary

variedad *f.* variety

varios/as *pl.* several; various

vaso (drinking) glass

vástago offspring

vecino/a neighbor

vela *n.* sail (*on a boat*)

vemos: nos vemos we'll be seeing each other (1)

vena vein

vendedor(a) ambulante traveling salesperson

vender to sell

venganza revenge

venir *irreg.* to come; **venir a** to come to (6)

venta: a la venta for sale

ventaja advantage

ventana window

ver *irreg.* to see; **a ver** let's see; hello (*telephone*) (*Panama*); **nos vemos** we'll be seeing each other (1); **tener** (*irreg.*) **que ver con** to have to do with; **verse** to find oneself

verano summer

verdad *f.* truth (3); **en verdad** really, truly; **¿verdad?** right?; isn't that so?

verdadero/a real; genuine; true

verde green; **tarjeta verde** green card (8)

verdura vegetable

vergonzoso/a shameful (6); ashamed (6)

vergüenza shame

verificar (**qu**) to verify; to check

verosímil likely (6)

vestido dress

vestirse to dress (oneself)

vez *f.* (*pl.* **veces**) time; **a la vez** at the same time; **a veces** sometimes; **alguna vez** once, sometime; **cada vez más** more and more; **de vez en cuando** now and then; **en vez de** instead of; **muchas veces** often; **otra vez** again; **tal vez** perhaps; **una vez** once

viajar to travel

viaje *m.* trip, journey

vida life; **vida privada** privacy (3)

viejo/a old; elderly

viento wind, breeze

vigilar to supervise

vinagre *m.* vinegar

vínculo connection, link

vino wine

virgen *f.* virgin

visa visa (8)

visado visa (8)

vista: punto de vista point of view

visto/a (*p.p.* of **ver**) seen

viudo/a *n.* widower, widow; *adj.* widowed (2)

¡viva! *interj.* long live!

vivienda house

vivir to live

vivo/a alive, living; lively

voluntad *f.* will; will power

volver (**ue**) (*p.p.* **vuelto/a**) to return; **volver a** + *inf.* to (*do something*) over, again (6); **volverse atrás** to back out

voseo *to address someone as* **vos**

votar to vote

voz *f.* (*pl.* **voces**) voice; **en voz alta** aloud

vueltas *pl.* twists and turns

Y

ya now; already; **ya es hora** it's (about) time; **ya no** no longer; **ya que** *conj.* since

yerno son-in-law (2)

Z

zapato shoe

índice de personajes

This index includes the names of most of the characters who appear in *Nuevos Destinos,* alphabetized by their first name in most cases. Photographs are included for many characters as well, along with a brief description of them and a city in which they live. Indications in italics reflect updated information on some characters as pertains to the *Nuevos Destinos* storyline.

Alfredo Sánchez, Madrid, España. A reporter who meets Raquel.

Ángel Castillo del Valle, Buenos Aires, Argentina. Son of Fernando Castillo Saavedra and Rosario del Valle.

Ángela Castillo Soto, San Juan, Puerto Rico. Daughter of Ángel Castillo and María Luisa Soto. *Married her boyfriend Jorge after she met her family in Mexico. She and Jorge are now seeking a divorce.*

el Dr. Arturo Iglesias, Buenos Aires, Argentina. A psychiatrist and the son of Rosario and Martín Iglesias. *Moved to Los Angeles, California. Is currently away at a psychiatric conference in Argentina.*

Carlitos Castillo, Miami, Florida (*La Gavia, México*). Son of Carlos and Gloria and grandson of don Fernando.

Carlos Castillo Márquez, Miami, Florida (*La Gavia, México*). One of don Fernando's sons and director of the Miami office of the family company. *Currently runs the orphanage at La Gavia with his sister, Mercedes.*

Carmen Contreras de Soto, San Germán, Puerto Rico. Ángela and Roberto's grandmother. *Recently deceased.*

Carmen Márquez de Castillo, La Gavia, México. Second wife of don Fernando and mother of their four children, Ramón, Carlos, Mercedes, and Juan.

Cirilo, Estancia Santa Susana, Argentina. A gaucho and ex-employee of Rosario.

Consuelo Castillo, La Gavia, México. Don Fernando's daughter-in-law, she lives at La Gavia with her husband Ramón and daughter Maricarmen.

Elena Ramírez de Ruiz, Sevilla, España. Daughter-in-law of Teresa Suárez and mother of Miguel and Jaime. Her husband is Miguel Ruiz.

Federico Ruiz Suárez, Madrid, España. Son of Teresa Suárez.

Fernando Castillo Saavedra, La Gavia, México. Patriarch of the Castillo family, don Fernando initiated the original investigation that was carried out by Raquel Rodríguez. *Died shortly after meeting his Puerto Rican grandchildren.*

Francisco Rodríguez Trujillo, Los Angeles, California. Raquel's father.

Gloria Castillo, Miami, Florida (*La Gavia, México*). Carlos's wife and mother of Juanita and Carlitos.

Héctor Condotti, Buenos Aires, Argentina. An experienced sailor and friend of Ángel.

Jaime Ruiz Ramírez, Sevilla, España. Grandson of Teresa Suárez and son of Miguel Ruiz.

Jaime Soto Contreras, San Juan, Puerto Rico. One of Ángela's uncles.

Jorge Alonso, San Juan, Puerto Rico. Ángela's boyfriend and a professor of theater at the University of Puerto Rico. *Married Ángela after she met her family in Mexico. He and Ángela are now seeking a divorce.*

José, Buenos Aires, Argentina. A sailor and friend of Héctor.

Juan Castillo Márquez, New York, New York. The youngest child of don Fernando and a professor of literature at New York University; married to Pati. *New father of a baby boy.*

Juanita Castillo, Miami, Florida (*La Gavia, México*). Daughter of Carlos and Gloria.

Laura Soto, San Juan, Puerto Rico. One of Ángela's cousins and the daughter of tío Jaime.

Luis Villarreal, Los Angeles, California. The former boyfriend of Raquel.

María Orozco de Rodríguez, Los Angeles, California. Raquel's mother.

Maricarmen Castillo, La Gavia, México. Daughter of Ramón and Consuelo.

Mario, Buenos Aires, Argentina. A storekeeper in the La Boca district.

Martín Iglesias, Buenos Aires, Argentina. Second husband of Rosario, stepfather of Ángel Castillo, and father of Arturo Iglesias.

Mercedes Castillo de Martínez, La Gavia, México. Don Fernando's only daughter. *Currently runs the orphanage at La Gavia with her brother, Carlos.*

Miguel Ruiz Ramírez, Sevilla, España. Grandson of Teresa Suárez and son of Miguel Ruiz.

Miguel Ruiz Suárez, Sevilla, España. Son of Teresa Suárez and father of Miguel and Jaime.

Olga Soto Contreras, San Juan, Puerto Rico. One of Ángela's aunts.

Pati Castillo, New York, New York. The wife of Juan and professor of theater at New York University, as well as a writer/director. *Recently gave birth to a baby boy.*

Pedro Castillo Saavedra, México, D.F., México. Law professor at the National University of México and brother of don Fernando. *Recently deceased.*

Ramón Castillo Márquez, La Gavia, México. The oldest son of don Fernando. He runs Castillo Saavedra, S.A.

Roberto Castillo Soto, San Juan, Puerto Rico (*México, D.F.*). Son of Ángel Castillo and María Luisa Soto. *Professor of archaeology in Mexico.*

Roberto García, Sevilla, España. A taxi driver from the Triana district.

el Padre Rodrigo, un pueblo, México. A priest who offers comfort to Raquel and Ángela.

Rosario del Valle de Iglesias, Buenos Aires, Argentina. First wife of don Fernando Castillo.

Teresa Suárez, Madrid, España. Friend of Rosario who writes the letter to don Fernando that initiates the original investigation.

Virginia López Estrada, México, D.F., México. A real estate agent.

sobre los autores

Paul Michael Chandler is Assistant Professor of Spanish and Coordinator of first-year Spanish at the University of Hawai'i at Manoa. He teaches Spanish and Portuguese languages, teaching methodology, historical Spanish language, and Hispanic literature; he is also responsible for teacher training. He received his Ph.D. in 1992 from Indiana University in Bloomington, where he served as course coordinator. Before joining the faculty at Hawai'i, he was the Applied Linguist/Methodologist at San Jose State University in California, where he taught courses in language, phonetics, linguistics, and teaching methodology. He has edited the proceedings of the Hawai'i Association of Language Teachers conference and is coauthor of the McGraw-Hill intermediate textbook *¿Qué te parece?*

Rafael Gómez is Associate Professor and chair of the Hispanic Studies Department at the Monterey Institute of International Studies in Monterey, California, where his teaching specialties are Spanish for special purposes and Spanish-American culture. He received his B.A. and M.A. from Queens College, CUNY, New York, and his Ph.D. from Indiana University in Bloomington. He has won various academic honors and awards, including a Fulbright Grant to study at the Christian-Albrechts-Universität zu Kiel in Germany. He has published numerous reviews, articles, and papers in scholarly journals and newsletters.

Constance Moneer Kihyet is Professor of Spanish at Saddleback College in Mission Viejo, California, where she currently teaches a wide range of courses in Spanish language and Latin American civilization and culture. She received her Ph.D. in Spanish at the Florida State University in 1979, specializing in Golden Age literature. Her interests and publications include studies of Golden Age and nineteenth-century Spanish literature, as well as aspects of foreign-language learning and teaching methodology. She has reviewed numerous texts and presented seminars on foreign-language teaching methodology. She recently contributed both as writer and reviewer on various components of the fourth edition of the McGraw-Hill intermediate Spanish program *Pasajes.*

Michael Sharron is Instructor of Spanish at Assumption College in Worcester, Massachusetts. He is currently a Ph.D. candidate at the Pennsylvania State University, where he specializes in areas of second-language acquisition theory and applied linguistics. He received an M.A. from the University of Arizona in 1993 and has been inducted into the Alpha Mu Gamma, Sigma Delta Pi, Phi Sigma Iota, and Phi Kappa Phi honor societies.

NOTAS

NOTAS

NOTAS

NOTAS